KB268483

관세사무소로
출근합니다

관세사무소로 출근합니다.

발행일   2025년 7월 2일

지은이   김상균
펴낸이   손형국
펴낸곳   (주)북랩
편집인   선일영   편집   김현아, 배진용, 김다빈, 김부경
디자인   이현수, 김민하, 임진형, 안유경   제작   박기성, 구성우, 이창영, 배상진
마케팅   김회란, 박진관
출판등록   2004. 12. 1(제2012-000051호)
주소   서울특별시 금천구 가산디지털 1로 168, 우림라이온스밸리 B동 B111호, B113~115호
홈페이지   www.book.co.kr
전화번호   (02)2026-5777   팩스   (02)3159-9637

ISBN   979-11-7224-714-0 13320 (종이책)   979-11-7224-715-7 15320 (전자책)

잘못된 책은 구입한 곳에서 교환해드립니다.
이 책은 저작권법에 따라 보호받는 저작물이므로 무단 전재와 복제를 금합니다.
이 책은 (주)북랩이 보유한 리코 장비로 인쇄되었습니다.

(주)북랩 성공출판의 파트너

북랩 홈페이지와 패밀리 사이트에서 다양한 출판 솔루션을 만나 보세요!

홈페이지 book.co.kr   •   **블로그** blog.naver.com/essaybook   •   **출판문의** text@book.co.kr

작가 연락처 문의 ▶ ask.book.co.kr

작가 연락처는 개인정보이므로 북랩에서 알려드릴 수 없습니다.

관세사무소로 출근합니다.

김상균 지음

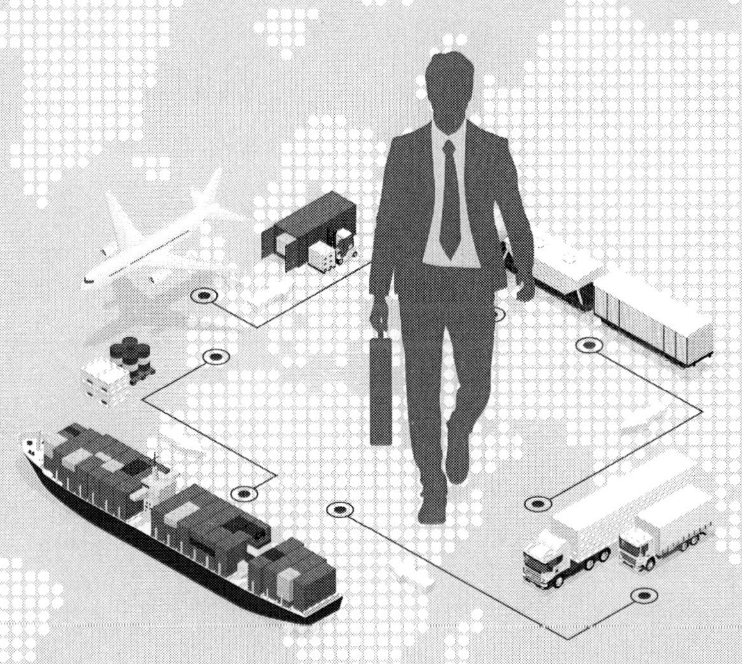

프롤로그

세계 1위 출판사인 엘스비어(Elsevier)의 지영석 회장님이 어느 방송의 프로그램 인터뷰에서 말씀하셨습니다. "이렇게 지도자 역할을 하신 사람들은 모든 사람이 기록을 남겨야 한다고 생각합니다."

가수 이무진의 노래 〈청춘만화〉의 '♭~ 비행이 망설여지기도 하겠지만, 한 번뿐인 이 모험을 겁내진 않아 ~♬' 한 소절이 떠오릅니다.

저는 작은 관세사무소의 대표 관세사입니다. 거창한 지도자가 아니고 청춘도 아니지만 〈청춘만화〉의 노래를 들으며 용기 내어 한 번 더 생각을 글로 전환합니다.

직전 책에 이어 다시 말씀드리지만 제 인생에서 저자(著者)의 역할은 없는 줄 알았으나 첫 번째 저서인『관세사무소에서 희망을 찾다』, 두 번째 저서인『저의 직업은 관세사입니다』, 세 번째 저서인『여기는 동행 관세사무소 서초 캠퍼스입니다』에 이어 본서『관세사무소로 출근합니다』가 세상에 나왔습니다.

본서는 이 책의 부제인『관세사무소에서 희망을 찾다』그 이후 이야기 그리고 생활 속 관세&무역 이야기 3'에서 암시하듯이 동행 관세사무소의 이야기와 저의 교육 방식인 관세&무역 사례 콘텐츠를 모아 생활 속 관세&무역 이야기를 지난 책들『관세사무소에서 희망을 찾다』,『저의 직업은 관세사입니다』,『여기는 동행 관세사무소 서초 캠퍼스입니다』에 이어 추가 구성하였습니다.

『관세사무소에서 희망을 찾다』그 이후 이야기는 2018년 2월 1일 동행 관세사무소의 설립 이후 2025년 현재 개업 8년 차의 관세사무소의 성공 스토리가 아닌 지난 8년간의 사무소 운영 그리고 영업 방법 등에 대한 좌충우돌 이야기인 동행 관세사무소의 이야기를 작성하였습니다.

‘생활 속 관세&무역 이야기 3’는 지난 책들『저의 직업은 관세사입니다』,『여기는 동행 관세사무소 서초 캠퍼스입니다』에 이어 저의 교육 방식인 관세&무역 사례 콘텐츠를 모아 생활 속 관세&무역 이야기로 구성하였습니다. 또 다시 언급하겠습니다. 교육 방식은 피교육자분들이 꾸벅꾸벅 조는 모습에 이렇게 교육을 해서는 안 되겠구나 생각해서 연구한 것입니다. 흔히 영어회화를 할 때 어려운 단어를 사용하는 대신 쉬운 단어를 사용하여 의사소통의 목적을 이루는 것이 영어회화를 잘 하는 것이라고 합니다. 관세사는 관세법, 환급특례법, 대외무역법, 외국환거래법, FTA 특례법 등 그리고 관련 시행령, 시행규칙, 고시 등을 다루는 직업입니다. 법 등의 내용을 어렵고 딱딱하게 고객에게 전달한다고 고객이 관세사를 유식(有識)하게 본다고 생각하지 않습니다.

이 책은『관세사무소에서 희망을 찾다』와 마찬가지로 전적으로 자기 계발 글이 아니며, 마케팅 글이 아니며, 영업 글이 아니며, 에세이 글도 아닙니다. 각 장르 사이 어딘가에 있습니다.

『관세사무소에서 희망을 찾다』그 이후 이야기와 생활 속 관세&무역 이야기 3'은 관세&무역에 관심 있는 학생, 일반인부터 수출입 업체 업무 담당자 그리고 관세사 등에게 관세&무역을 바라보는 시각을 달리하고 업무의 귀감이 되고자 책을 쓰게 되었습니다.

많은 기업이 만족하는 강한 관세사무소입니다. 관세사무소로 출근합니다. 그 이야기를 시작합니다.

2025년 7월

김상준

차 례

CHAPTER 2.

생활 속 관세&무역 이야기 3

『관세사무소에서 희망을 찾다』 그 이후 이야기

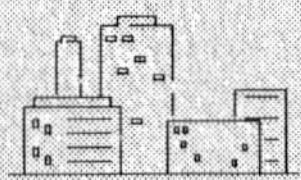

2018년 2월 1일 동행 관세사무소의 설립 이후
2025년 현재 개업 8년 차의 사무소 운영
그리고 영업 방법 등에 대한 좌충우돌 이야기인
동행 관세사무소의 이야기를 담담히 글로 써 내려갑니다.
너그럽게 함께해 주시기 바랍니다.

1.
후쿠오카 워크숍

지난 저서 『관세사무소에서 희망을 찾다』에서 다음과 같은 글을 쓴 적이 있습니다.

> '코로나19'가 종식된 후 동행 관세사무소의 주인들이 해외여행을 다녀오는 기분 좋은 상상을 합니다. 상상은 현실이 됩니다.

이와 관련하여 동행 관세사무소는 '2024년도 하계 후쿠오카 워크숍'을 진행하였습니다. 상상은 현실이 되었습니다.

○ 대상 : 모든 구성원 (대표 관세사 제외)
○ 일시 : 2024.7.6.(Sat) ~ 2024.7.7.(Sun)

○ 장소 : The Royal Park Canvas Fukuoka Nakasu, Japan
○ 편명 : RS727 - TW296

대표 관세사인 저는 주말 통관 업무를 진행하여야 하므로 워크숍에 참석할 수 없었습니다. 대신 그 아쉬움과 미안함을 담아 모든 구성원이 귀국 비행기 탑승을 위하여 후쿠오카 공항에 있을 시간에 맞춰 메시지를 보냈습니다.

동행 관세사무소 구성원 여러분!

짧지만 강력한 '2024년도 하계 후쿠오카 워크숍'을 진심으로 즐겼기를 바랍니다.

우리는 동행 관세사무소의 매출, 조직 및 인원의 한계를 넘어 시도한 해외 워크숍을 성공리에 마쳤습니다.
우리는 워크숍을 통해 동행 관세사무소의 가능성과 방향을 보았습니다.

모두 여러분이 이룬 결과입니다. 고생하셨습니다.
피로와 고통은 버리고 추억과 감동으로 업무에 복귀하시기를 바랍니다.

2개월 후 벌써 추석입니다.
경기침체 및 경기부진의 환경에서 좋은 성과가 날 수 있도록 모두 힘을 모아주시기 바랍니다.
좋은 성과와 좋은 분위기는 또 다른 워크숍과 분배로 보답함을 잊지 마시기 바랍니다.

동행 관세사무소의 경영방침 2번도 아닌 1번입니다.
회사가 기억하겠습니다.

후쿠오카 공항에서 비행기가 날아오르면 꼭 창밖을 보세요.
가장 아름다운 야경으로 기억될 것입니다.
함께하지 못한 아쉬움과 미안함을 뒤로 하고 메시지를 남깁니다.

감사합니다.

워크숍 관련하여 에피소드가 있습니다. 저는 야구를 상당히 좋아합니다. 소프트뱅크 호크스(후쿠오카를 연고지로 하는 일본 프로야구 구단)의 로고가 있는 야구공 구매를 구성원들에게 부탁했습니다. 구성원들은 사오지 않았습니다. 가수 이무진의 노래 〈에피소드〉의 '♬~ 애써 웃고 있어, 우린 서로를 보며 ~#' 한 소절이 떠오릅니다.

지난 저서 『관세사무소에서 희망을 찾다』에서 동행 관세사무소의 경영방침을 쓴 적이 있습니다. 글과 말이 아닌 행동으로 하나하나씩 실행하고 있습니다.

- 동행 관세사무소의 경영방침 -

하나. 구성원은 동반자입니다.

결실을 나눕니다. 나누는 열매는 더 많은 씨를 내려 풍요로운 동행이 됩니다.

하나. 귀사는 가장 중요한 동반자입니다.

귀사가 당해 업계/업종에서 최고의 리더가 될 수 있도록 한결같이 옆에 있겠습니다.

하나. 더 나아가 사회와 동행하겠습니다.

사회와의 동행은 더 많은 동행의 동반자로 나타날 것임을 확신합니다.

동행 관세사무소의 성장은 매출액 및 인원수의 증가뿐만 아니라 거래업체와 내부 구성원의 성장을 의미합니다.

동행 관세사무소는 다음 워크숍을 준비합니다. 상상은 또 현실이 될 것입니다.

Coming Soon !
'Workshop in Taipei' or 'Workshop in Jeju'

2.
여기는 야간대학이야!

동행 관세사무소는 2018년 2월 1일 관세, 무역 및 물류 분야에서 실무 경험과 이론을 갖춘 관세사와 컨설턴트가 뜻을 모아 설립되었습니다. 사무소의 첫 위치는 서울시 서초구 반포동(사평대로 353)이었습니다. 2019년 9월 2일부터 현재의 위치인 서울시 서초구 서초동(효령로 55길 28)이 우리의 보금자리가 되었습니다. 현재의 보금자리가 된 이후 빌딩 경비원분들과 좋은 관계를 유지하면서 지내고 있습니다. 배경 설명을 위하여 잠시 다른 이야기를 하겠습니다.

지난 저서『관세사무소에서 희망을 찾다』에서 다음과 같은 글을 쓴 적이 있습니다.

　　동행 관세사무소는 워라밸(Work-life balance)과는 관계가 없습니다. 일의 강도가 상당히 높습니다. 정시 퇴근…. 글쎄요. 밤 시간 혹은 새벽 시간에도 통관 업무를 진행하는 경우가 타 사무소보다 적지 않다고 생각합니다. 주말에도 통관 업무를 진행합니다. 명절에도 통관 업무를 진행합니다. 저희 고객 업무의 특수성이 그 이유입니다.

　　한 달 기준 하나의 업체가 통관 건수 100건이 아니라 100개의 업체가 각각 동관 긴수 1긴씩입니디. 효율성은 떨어지고 시간은 많이 소요됩니다. 대신 경험을 쌓을 수 있습니다.

이와 관련하여 고백하자면 코로나19가 2020년 1월부터 본격적으로 전 세계로 퍼지기 시작하기 전까지 동행 관세사무소의 평균 퇴근 시간은 오후 11시 30분이었습니다. 매출액과 인원수는 적고 업무 효율성은 떨어졌습니다. 즉 매출액과 연결되는 일이 많아서가 아니라 효율성이 떨어지는 일의 정리 시간이 필요하여 퇴근 시간이 늦었습니다. 그 퇴근 시간은 매일 반복되는 그리고 언제 끝날지 모르는 상황이었습니다. 그 당시에는 '이 또한 지나가리라.'가 실현되지 않을 수 있다고 생각했습니다. 용인에 사는 구성원은 일이 마무리되지 않았음에도 자정 막차를 타기 위하여 퇴근을 해야만 했습니다.

상황이 이렇다 보니 우리의 보금자리가 있는 빌딩에서 대부분 동행 관세사무소의 셔터 문이 마지막으로 내려졌습니다. 어느 날, 빌딩 경비원분이 순찰을 돌면서 무심코 말을 던집니다. "여기는 야간대학이야! 퇴근을 안 해!"

그 시기를 묵묵히 함께 견뎌낸, 현재도 함께하는 그리고 과거 함께했던 구성원들에게 고맙습니다. 감사합니다. 사랑합니다.

이 또한 지나갔습니다.

3.
아빠! 어디가?

'보수'라는 단어를 떠올릴 때, 배우 윤여정의 지난 인터뷰가 생각납니다. 아들이 동성애자임을 밝히며 한국은 매우 보수적인 국가라고 말했습니다.

『박정준, 나는 아마존에서 미래를 다녔다』라는 책을 읽었습니다. 그 책의 내용 일부가 얼마나 기업 아마존 사원들의 복장이 자유스러운지 보여줍니다.

1997년 발매된 가수 DJ DOC의 노래 〈DOC와 춤을〉를 아시나요?

'♬~ 청바지 입고서 회사에 가도 깔끔하기만 하면 괜찮을 텐

데, 여름교복이 반바지라면 깔끔하고 시원해 괜찮을 텐데 ~#'

2025년 2월 28일 도널드 트럼프 미국 대통령과 볼로디미르 젤렌스키 우크라이나 대통령 間 정상회담 자리에서 미국 측이 볼로디미르 젤렌스키 대통령의 복장 지적을 하였습니다.

"왜 정장을 입지 않았나요? 백악관을 찾으면서 정장 입기를 거부했군요. 정장이 있기는 한가요?"
"이 전쟁이 끝나면 정장을 입겠다. 아마 당신과 같은 것이나 더 좋은 것, 혹은 더 저렴한 것일 수도 있다."

급변하는 세상에도 여전히 보수적인 사람들이 많지만 확실히 대기업을 포함한 업체 사무실을 방문하면 정장과 넥타이의 드레스 코드를 이제는 거의 볼 수 없습니다. 특히 넥타이!

우리는 장마철에 슬리퍼를 신습니다.
우리는 한여름에 반바지를 입습니다.
우리는 대설에 등산화를 신습니다.
우리는 스포츠 유니폼을 입습니다.
우리는 모자를 착용합니다.

등등…

　바라건대 동행 관세사무소의 구성원 중 누군가 빨간색으로 머리 염색을 하고 출근하기를 간절히 기다립니다. 다소의 일탈이 동행 관세사무소의 경쟁력입니다.

어느 날,
저의 자녀가 아침에 묻습니다.
아빠! 어디가?
일하러 간다.

어느 날,
제가 거주하는 아파트의 경비원분이 자정에 묻습니다.
어디 가세요?
일하러 갑니다.

4.
책과 함께 영업을 갑니다

지난 저서 『관세사무소에서 희망을 찾다』에서 다음과 같은 글을 쓴 적이 있습니다.

> 책을 좋아합니다. 요즘은 한 달에 2권 이상의 책을 구입하며 읽습니다. 책의 장르에 관계없이 책을 좋아합니다. 책장에 있는 책들이 저를 서포트하는 느낌이 좋습니다. 독서에 집중하면 스트레스가 해소됩니다. 마케팅 및 영업을 다니며 지하철 안에서 책을 읽습니다. 퇴근 이후에도 집에서 틈이 나면 책을 읽기에 아이들에게 혼납니다.

저는 독서의 근육과 체력을 가지고 있습니다. '시니어(Senior)'라는 표현이 65세 이상의 사람을 보통 가리킨다고 정의하면 저의 시니어 시기는 확실히 좋은 취미가 하나 있어 다행입니다. 독서와 함께하는 모습을 상상합니다.

오늘은 가수 원트리즈(Wantreez)의 노래 〈Goodbye〉인 교보문고 폐점 엔딩곡을 듣기 위해서 신논현역으로 향하고자 합니다.
'♬~ The time to say Goodbye, Who knows when we shall meet again ~♯'

아래 리스트는 지극히 개인적이지만 제가 2018년 2월 1일 개업 이후 2025년 현재까지 마케팅 및 영업 등을 다니며 읽은 책의 목록입니다. 여러분도 제가 읽은 책들과 좋은 인연을 맺고 인생 그리고 사업 등에 있어서 좋은 영감을 받으시기를 바랍니다.

- 가와세 나나오의 이사부로 양복점
- 가쿠타 미쓰요의 무심하게 산다
- 가쿠타 미쓰요의 어느새 운동할 나이가 되었네요
- 강덕호의 나는 작은 회사 사장입니다
- 강지영의 때로는 간절함조차 아플 때가 있었다
- 고동진의 일이란 무엇인가
- 곽아람의 쓰는 직업
- 구가야 아키라의 최고의 휴식
- 구본형의 그대, 스스로를 고용하라
- 권남희의 스타벅스 일기
- 권오현의 초격차

- 김교석의 아무튼, 계속
- 김규림의 뉴욕규림일기
- 김규림의 도쿄규림일기
- 김규림의 로그아웃 좀 하겠습니다
- 김나연의 모든 동물은 섹스 후 우울해진다
- 김동현의 뭐든 해 봐요
- 김미경의 김미경의 딥마인드
- 김미경의 김미경의 리부트
- 김미경의 김미경의 마흔 수업
- 김민기의 연필로 여행 발리
- 김민기의 연필로 여행 초원과 사막 그리고 별
- 김민기의 연필로 여행 캄보디아 태국 라오스
- 김상민의 아무튼, 달리기
- 김성근의 인생은 순간이다
- 김성호의 답을 내는 조직
- 김성호의 유니크, 유니클로
- 김소영의 무뎌진 감정이 말을 걸어올 때
- 김소영의 진작 할 걸 그랬어
- 김승호의 김밥파는 CEO
- 김승호의 돈의 속성
- 김승호의 사장학개론
- 김승호의 생각의 비밀
- 김승호의 알면서도 알지 못하는 것들
- 김승호의 자기경영 노트
- 김영민의 아침에는 죽음을 생각하는 것이 좋다
- 김영하의 여행의 이유
- 김용섭의 결국 Z세대가 세상을 지배한다
- 김용섭의 프로페셔널 스튜던트
- 김원길의 힘들어도 괜찮아

- 오가와 이토의 츠바키 연애편지
- 오규상의 아는 만큼 보이는 관세이야기
- 오기와라 히로시의 바다가 보이는 이발소
- 오두환의 오케팅
- 오야마 준코의 10년 전, 하루 100엔 보관가게
- 오쿠다 히데오의 무코다 이발소
- 오프라 윈프리의 내가 확실히 아는 것들
- 오헬리엉 루베르, 윤여진의 지극히 사적인 프랑스
- 요나스 요나손의 창문 넘어 도망친 100세 노인
- 요나스 요나손의 핵을 들고 도망친 101세 노인
- 요시모토 바나나의 바다의 뚜껑
- 요시모토 바나나의 여행 아닌 여행기
- 우노 다카시의 장사의 신
- 유현준의 공간의 미래
- 윤동한의 우보천리 동행만리
- 윤현정의 나의 드로잉 노트
- 이기주의 언어의 온도
- 이나모리 가즈오의 사장의 그릇
- 이나모리 가즈오의 왜 일하는가
- 이나모리 가즈오의 회계 경영
- 이다은의 느려도 괜찮아, 여기는 코스타리카!
- 이다의 내 손으로, 치앙마이
- 이도원의 나의 상상은 현실이 된다
- 이본 쉬나드의 파타고니아 이야기
- 이본 쉬나드의 파타고니아, 파도가 칠 때는 서핑을
- 이서윤, 홍주연의 더 해빙
- 이소은의 지금의 나로 충분하다
- 이수정의 우리집 가훈은 손해 보고 살자 입니다
- 이시노 세이이치의 10인 이하 회사를 경영하는 법

- 이어령의 이어령의 강의
- 이용찬의 노자 마케팅
- 이재용, 토스의 B주류경제학
- 이철호, 이리나 리의 노르웨이 라면왕 미스터 리 이야기
- 이현경의 아무것도 아닌 기분
- 이희은의 도시수집 교토작은가게
- 자청의 역행자
- 장류진의 일의 기쁨과 슬픔
- 장보영의 아무튼, 산
- 전예진의 셀트리오니즘
- 전한길의 네 인생 우습지 않다
- 정이베베의 11번째 방콕
- 정혜윤의 아무튼, 메모
- 조나 케리의 그들은 어떻게 뉴욕 양키스를 이겼을까
- 조윤제의 다산의 마지막 습관
- 존 우든, 스티브 제이미슨의 88연승의 비밀
- 지그 지글러의 정상에서 만납시다
- 지민채의 명함도 없이 일합니다
- 진담의 따로 또 같이 고시원, 삽니다
- 천현우의 쇳밥일지
- 최세진의 미국, 야구, 여행
- 최유수의 사랑의 몽타주
- 최유수의 아무도 없는 바다
- 최인아의 내가 가진 것을 세상이 원하게 하라
- 최종엽의 매일 아침 새로운 나를 만드는 하루 한 장 365 논어 일력
- 최종엽의 오십에 읽는 논어
- 최희서의 기적일지도 몰라
- 켈리 최의 파리에서 도시락을 파는 여자
- 크리스천 돈런의 완벽한 날들

5.
이건 아니잖아!

　서울시에 소재하는 ○○ 수출입 업체와 업무 미팅을 하였습니다. 통관 보수료 관련 대화를 나눌 때 제 귀를 의심하였습니다. 관세사가 일반 수출신고 및 수입신고 업무를 진행하면 수출입 업체는 관세사에게 통관 보수료를 지불합니다. 수출입 업체의 수출입 건수, 통관 난이도, 감면 여부 등에 따라 관세사 통관 보수료는 천차만별이지만 아래의 표는 통상의 통관 보수료라고 생각합니다.

업무 구분	견적 세부	견적 금액	참고
수출 통관 **(반송 통관 포함)**	MIN	17,000	본 보수료는 **샘플**이며, 통상적인 보수료입니다. / 부가세 별도
	수출 요율	FOB Value X 0.0015	
	MAX	300,000	
수입 통관	MIN	30,000	
	수입 요율	CIF Value X 0.0020	
	MAX	500,000	

그런데 서울시에 소재하는 ○○ 수출입 업체의 관세사는 수입 통관 보수료를 'CIF Value✕0.0020'이 아닌 'CIF Value✕0.00020'으로 업무 진행하고 있었습니다. 소수점 아래 '0'이 하나 더 있습니다. 이건 아니잖아! 그 관세사를 생각하며 씁쓸한 마음을 가지고 업무 미팅을 마무리하였습니다. 그 관세사는 뭐가 잘못된 것인지 알고 있을까요? '내로남불'의 잣대가 아니기 바랍니다.

지난 저서 『관세사무소에서 희망을 찾다』에서 언급한 한국관세사회에서 2016년도에 발행한 『관세사 표준직무 분류집』을 이용하여 만든 당사의 결과물인 'List of Business and its Charge

& List of Consulting'과 한국관세사회의 보수료 산정 프로그램 등이 무용지물이 되는 순간이 아닐까요?

한국관세사회에서는 경쟁 입찰로 인한 피해사례를 파악하고 의견을 청취하고 있으나 결과적으로 물량을 빼앗긴 관세사무소는 예기치 못한 어려움에 직면하여 직원 해고 및 사무실 폐쇄를 고민하게 되는 사례가 심심치 않게 발생하고 있다고 말합니다.

여러분! 우리는 공멸을 이야기합니다. 하지만 우리의 출혈 경쟁은 현재 진행형입니다. 우리는 진정 브레이크가 없는 열차에 올라탄 것은 아닐까요? 가끔 멈출 생각이 없는 것 같다고 생각합니다.

6.
'Limited Edition'은 현재 진행형

지난 저서 『관세사무소에서 희망을 찾다』에서 언급한 동행 관세사무소의 굿즈(Goods)는 현재 진행형입니다. 주황색 연필, 노란색 연필, 보온병, 자(Ruler), 검은색 연필, 텀블러, 볼펜과 연필 세트, 머그잔, 타월, 포스트잇, 고급 볼펜 등(출시 순서 나열)이 동행 관세사무소의 영업사원입니다.

마케팅 및 영업 대상의 수출입 업체 그리고 포워더뿐만 아니라 빌딩 경비원분, 화물 기사님, 창고 담당자분, 치킨집 사장님, 삼겹살집 이모님, 치과의사님, 저의 자녀의 친구 학부모님 등에게 오늘도 동행 관세사무소의 영원사원은 인사드립니다.

안녕하십니까? 동행 관세사무소입니다.
통관 업무 등의 기회를 주십시오.
야무지게 업무 진행하겠습니다.

동행 관세사무소의 경영방침 세 번째 '더 나아가 사회와 동행하겠습니다. 사회와의 농행은 더 많은 동행의 동반자로 나타날 것임을 확신합니다.' 글과 말이 아닌 행동으로 하나하나씩 실행하고 있습니다.

동행 관세사무소는 굿즈(Goods)를 통해 하나의 문화를 만들어 가고 있습니다. 서사가 있는 동행 관세사무소입니다.

좋은 운이 동행 관세사무소로 많이 찾아왔으며, 찾아오고 있으며, 찾아올 것입니다.

7.
방송국을 소유하고 있습니다

거창하게 말씀드리자면 저는 방송국을 소유하고 있습니다. 유튜브 채널 '동행 관세사 TV'의 주인입니다. 2021년 2월 9일 가입 이후에 2025년 현재까지 채널 세부정보입니다.

구독자 144명, 동영상 68개, 조회수 22,500회

여러분! 위의 숫자인 세부정보를 어떻게 생각하십니까?

2021년 '동행 관세사 TV' 개국 이후 5년 차인 2025년 현재 구독자가 144명입니다. 가족, 친구, 지인의 구독자를 제외하면 구

독자가 거의 없다고 하여도 과언이 아닙니다. 고백하자면 당사의 이금성 책임 컨설턴트(제36회 관세사 시험 합격)가 친구들에게 부탁하여 구독자가 10여 명 증가하였습니다. 고맙습니다. 감사합니다. 그럼에도 불구하고 어쨌든 2025년 현재 구독자는 144명입니다. 동영상의 수가 68개, 조회수가 22,500회이나 구독자가 144명이니 이것을 어떻게 해석하고 설명을 해야 할지 당혹스럽고 아쌀합니다.

유튜브 수익은커녕 지인들이 묻습니다. 왜 유튜브를 계속 하냐고? 도대체 채널 '동행 관세사 TV'의 목적이 뭐냐고? 콘텐츠 제작의 콘셉트가 무엇이냐고? 2021년 2월 9일 유튜브를 시작했을 때 수익은 전혀 생각하지 않았습니다. (수익이 창출되면 좋겠지만) 수익은 지금도 생각하지 않고 미래도 생각하지 않을 것 같습니다. 유튜브 조회수 늘리는 방법도 전혀 관심이 없습니다.

동행 관세사무소는 2025년 현재 기준으로 대표 관세사인 저를 포함하여 6명이 일을 하고 있습니다. 여전히 많이 부족하고 고군분투하는 관세사무소입니다. 2018년 2월 1일 설립 당시에는 3명의 더욱 작은 관세사무소이었기에 영업을 위한 마케팅 및 홍보가 필요했습니다. 유튜브를 시작해 봅시다!

배경 설명을 위하여 잠시 다른 이야기를 하겠습니다. 지난 저서 『관세사무소에서 희망을 찾다』 'Naming' 부분에서 언급하지는 않았지만 '동행 관세사무소'의 상호를 'Naming'할 때 영문명 상호는 생각하지 않았습니다. 영문명 상호는 신생 사무소의 느낌이 있다고 생각했습니다. 이 부분은 지극히 개인적인 생각이므로 오해하지 마시기 바랍니다. 영업을 위한 마케팅과 홍보를 할 때 기성 사무소의 느낌을 주고 싶었습니다. 그래야 영업이 유리하다고 생각했습니다. 동행 관세사무소! 2025년 개업 8년 차의 관세사무소이지만 누군가 아주 오래된 관세사무소 아니냐고 물었던 기억이 있습니다. 20년 넘은 관세사무소 아니냐고?

마케팅과 홍보! 여러 가지의 방법이 있겠지만 유튜브를 시작해 봅시다! 유튜브를 통하여 '동행 관세사무소'의 상호 노출을 하고 싶었습니다. 그리고 동행 관세사무소 문화의 메시지를 던지고 싶었습니다. 이것이 유튜브를 시작하게 된 계기입니다.

유튜브를 시작해 보겠다고 하니 구성원들이 유튜브는 준비할 것이 많다고 다소 부정적으로 이야기합니다.

'유튜브 채널의 이름은 무엇인가요?'

'유튜브 콘텐츠 제작의 콘셉트는 무엇인가요?'

'유튜브 촬영은 누가 하나요?'

'유튜브 동영상 편집은 누가 하나요?'

'유튜브 인물은 실명이 아니고 예명을 사용한다는데?'

등등…

구성원들의 질문은 이해하나 답답한 마음이 들었습니다. 마음속으로 답했습니다. '그 모든 것이 언제 준비되지? 모든 것이 완벽한 후 시작할 수는 없는데. 그냥 시작할 건데… 제발, 나 좀 도와줘!'

CNN의 설립자인 테드 터너(Ted Turner)가 말씀하셨습니다. '이끌든지, 따르든지 아니면 비키든지!(Lead, Follow or Get out of the way!)'

당사의 이병욱 책임 컨설턴트(제40회 관세사 시험 합격)의 관세사 동기가 물었습니다. "동행 관세사무소? 그 사무소 유튜브하는 관세사무소 아니냐고?"

유튜브를 통하여 '동행 관세사무소'의 상호는 널리 퍼지고 있습

니다. 유튜브를 통하여 '동행 관세사무소'의 상호는 점점 익숙해
지고 있습니다. 조회수 22,500회가 넘어가고 있습니다.

유튜브 채널 '동행 관세사 TV' 업로드 동영상 샘플 (10개)

○ 2021.2.9. 업로드

→ 제목 : 책『관세사무소에서 희망을 찾다』(현직 관세사의 개입 과정과 영업 방법에 대한 생생한 이야기)

내용 : 책『관세사무소에서 희망을 찾다』(북랩 출판사, 김상균 지음, 2021.1.29.)를 소개합니다.

댓글 : 딱 관세사 개업 관련해서 궁금하던 참이었는데 유튜브 알고리즘이 저를 좋은 곳으로 인도해주었네요. 편집도 짱 재밌고 대표님도 컨설턴트님도 재미있으시고 한번 사서 봐야겠어요!

○ 2021.2.15. 업로드

→ 제목 : 동행 관세사무소에서 진행한 업체 교육사진 위주 편집

내용 : 동행 관세사무소는 'Untact'시대를 넘어 'Ontact'시대를 준비합니다.

○ 2021.3.8. 업로드

→ 제목 : 책『관세사무소에서 희망을 찾다』리뷰(현직 관세사의
　　개업 과정과 영업 방법에 대한 생생한 이야기)

내용 : 책『관세사무소에서 희망을 찾다』(북랩 출판사, 김상균 지음,
　　2021.1.29.) 출판 이후 반응을 리뷰합니다.

댓글 : 관세사님! 항상 열심히 활동하시는 모습 존경스럽습니다. 힘들고
　　어려운 길이지만 앞으로 계속 나아가십시오! 응원하겠습니다.

○ 2021.7.11. 업로드

→ 제목 : 책『관세사무소에서 희망을 찾다』에 소개된 동행 관
　　세사무소의 편지

내용 : 업체에 보낸 편지를 소개합니다.

○ 2021.7.17. 업로드

→ 제목 : 동행 관세사무소의 브이로그입니다.

내용 : 동행 관세사무소의 사무실 모습을 볼 수 있습니다.

댓글 : 출근 중에 보는데 신기하게 힐링이 되네요. 다음 브이로그도 기대
하겠습니다.

○ 2021.7.19. 업로드

→ 제목 : 책 『저의 직업은 관세사입니다』(관세사 책 소개, 생활
속 관세&무역 이야기 그리고 관세사가 실제 쓴 의견서)

내용 : 책 『저의 직업은 관세사입니다』(북랩 출판사, 김상균 지음, 2021.7.2.)
를 소개합니다.

댓글 : 피부가 20대 같으시네요. 항상 열정적인 모습 존경스럽습니다.

○ 2022.2.26. 업로드

→ 제목 : 관세사의 인천공항 화물터미널 출고

내용 : 코로나19 시기의 인천공항 고속도로 모습을 볼 수 있습니다.

○ 2023.2.4. 업로드

→ 제목 : 동행 관세사무소가 초심을 생각합니다.

내용 : 동행 관세사무소 창립 5주년 축하 영상입니다.

댓글 : 몸은 멀어졌지만 마음만은 항상 응원합니다!! 모두 모두 힘내세요! 화이팅!

○ 2023.7.11. 업로드

→ 제목 : 책 『여기는 동행 관세사무소 서초 캠퍼스입니다』(생활 속 관세&무역 이야기 그리고 관세사가 실제 쓴 의견서 2)

내용 : 책 『여기는 동행 관세사무소 서초 캠퍼스입니다』(북랩 출판사, 김상균
지음, 2023.7.3.)를 소개합니다.

댓글 : 대표님의 그 꾸준함과 뚝심에 늘 감탄하고 있습니다. 더구나 세 번째
책 집필까지… 앞으로도 지속적인 건승을 기원합니다.

○ 2024.7.14. 업로드

→ 제목 : '2024년도 하계 후쿠오카 워크숍(여행) 진행'

내용 : 2024.7.6.(토) ~ 2024.7.7.(일) 진행한 '2024년도 하계 후쿠오카 워크
숍' 사진 위주 편집 영상입니다.

댓글 : 업무 문의할 때마다 매번 직원들이 친절하고 정확하게 설명해 주셔
서 비결이 궁금했는데… 이제야 알겠습니다.

Shorts 제목으로 동행 관세사무소 문화의 메시지를 전달합니다.

○ 2022.11.19. 업로드

→ 제목 : 동행 관세사무소는 '2022 FIFA World Cup Qatar' 대한민국 국가대표의 땀과 열정을 응원합니다.

> 내용 : <오 필승 코리아> 클라리넷 연주입니다.

○ 2023.7.22. 업로드

→ 제목 : 동행 관세사무소는 관세&무역 관련 책을 전파합니다.

> 내용 : 동행 관세사무소는 북 콘서트를 생각하고 있습니다.

○ 2023.12.23. 업로드

→ 제목 : 2024년 갑진년 새해 가정의 행복과 건강을 기원합
니다.

내용 : 2023년 계묘년이 저물어가고 있습니다. 2024년 갑진년 새해 가
정의 행복과 건강을 기원합니다. 한국무역을 이끄는 동행 관세사
무소의 업체와 담당자분들에게 존경과 감사를 표합니다.

○ 2023.12.30. 업로드

→ 제목 : 2023년, 우리 모두는 서로에게 대상이었다. Adieu!
잘 가.

내용 : 영화 <건축학개론>이 문득 떠오릅니다. 영화 <건축학개론>의
'우리 모두는 누군가의 첫사랑이었다.' VS <동행 관세사무소>의
'2023년 우리 모두는 서로에게 대상이었다.'

○ 2025.3.14. 업로드

→ 제목 : 우리는 우수한 인재를 보유한 관세사무소입니다. 우
　　　리는 건강하게 빛나고 있습니다.

내용 : 언젠가 대한민국 축구 국가대표팀의 TV 중계에서 해설자가 말을
　　　합니다. 대한민국은 토트넘 훗스퍼 FC의 손흥민 선수, FC 바이에
　　　른 뮌헨의 김민재 선수, 파리 생제르맹 FC의 이강인 선수 보유 국
　　　가입니다. 가슴이 웅장해집니다.

　　　'동행 관세사무소'는 2025년 현재 권소영 책임 컨설턴트, 이금성 책임
　　　컨설턴트(제36회 관세사 시험 합격), 이병욱 책임 컨설턴트(제40회 관세사 시
　　　험 합격), 최기석 수석 컨설턴트, 최기선 책임 컨설턴트를 보유한 관세사
　　　무소입니다. 가슴이 벅찹니다.

유튜브 채널 '동행 관세사 TV'의 구독자가 500명이 되는 순간
동행 관세사무소에서 작은 열린 음악회를 진행할 계획을 가지고
있습니다. 몇 개월 전, 동행 관세사무소의 옆 사무실에 'Personal
Training Gym'이 입점하였습니다. 예술의 전당과 가까운 위치여
서 그런지 많은 음악인이 그 'Personal Training Gym'을 방문합
니다. 클라리넷 연주자 그리고 첼로 연주자 등을 섭외할 것입니
다. 섭외할 수 있습니다. 과연 그날이 올까요?

8.
복지! 어디까지 보았니?

지난 저서 『관세사무소에서 희망을 찾다』에서 다음과 같은 글을 쓴 적이 있습니다.

> 컨설턴트들이 가장 많은 시간 고객과 의사소통을 하고 있습니다. 고객이 업무 진행에 만족하니 고객이 타 업체를 소개하는 사례가 빈번합니다. 컨설턴트들이 고객 대응을 잘못하면 고객은 떠납니다. 컨설턴트들이 사무실 내부에서 관리 영업뿐만 아니라 신규 영업을 하고 있는 것입니다. 컨설턴트들이 저의 월급을 만들어주고 있습니다. 직원이 있기에 제가 존재합니다.
>
> 저는 인복(人福)이 있습니다. 훌륭한 직원과 함께 일하고 있습니다. 말씀드렸듯이 직원이 동행 관세사무소의 주인입니다. 고맙습니다. 감사합니다. 사랑합니다. 수고하셨습니다. 여행 다녀오세요. 동행 관세사무소는 직원과 그 가족에게 여행을 보내드립니다.

> 'A' 컨설턴트는 입사 1년 차에 가족 모두 제주도 여행을 보내드렸습니다.
> 입사 2년 차에 가족 모두 속초 여행을 보내드렸습니다. 입사 3년 차에는 가
> 족 모두 강화도 여행을 보내드렸습니다. 'B' 컨설턴트는 입사 1년 차에 지인
> 과 함께 제주도 여행을 보내드렸습니다. 입사 2년 차에 부모님과 함께 대전
> 여행을 보내드렸습니다. 'C' 컨설턴트는 2020년 '코로나19'로 인하여 여행
> 을 갈 수 없으니 대신 현금으로 보답하였습니다. 퇴사한 'D' 컨설턴트에게도
> 현금으로 보답하였습니다.

동행 관세사무소의 복지에 관한 글을 쓰지만 다른 관세사무소
에서도 많이 제공하는 수준이라 생각하며 결코 동행 관세사무소
의 복지를 자랑하고자 쓰는 것이 아닙니다. 대형 관세법인 등에
서 제공하는 복지 수준이 그저 부러울 뿐입니다. 부끄럽습니다.

저는 구성원의 연봉, 상여금, 여행(워크숍 포함), 선물 등 복지에
관심이 많습니다. 동행 관세사무소는 1년에 2번의 상여금(추석 명
절 및 연말)을 지급하고자 노력합니다. 점심 식사 및 간식을 지원
합니다. 최근 물가 상승으로 부담이 되는 것도 사실이나 계속 지
원하고 있습니다. 가정의 달인 5월에는 상품권을 지급하고자 노
력합니다. 여기까지는 말씀드렸듯이 다른 관세사무소에서도 많
이 제공하는 수준이라고 생각합니다.

동행 관세사무소의 복지를 말합니다.

동행 관세사무소는 매일매일 업무량의 추이를 살펴 구성원의 출근 시간과 퇴근 시간을 조절합니다. 만원 대중교통 시간을 피하여 구성원의 컨디션을 관리하고자 합니다. 재택근무를 권장하여 역시 구성원의 컨디션을 관리합니다. 재택근무는 서울 이외의 지역에 거주하고 있는 구성원을 위주로 진행합니다. 마치 야구 경기에서 점수 차가 크게 벌어지면 야구 감독은 주전 선수를 교체하여 주전 선수의 체력 안배를 고려하듯 저 역시 야구 감독의 마음으로 구성원의 컨디션을 관리합니다. 이 또한 복지라 생각합니다.

설날 명절 그리고 추석 명절에는 동행 관세사무소의 거래업체에서 동행 관세사무소로 고맙고 감사한 선물을 보내줍니다. 선물을 받는 이가 동행 관세사무소의 대표로 되어 있습니다. 하지만 선물은 구성원들이 먼저 나눠가집니다. 구성원들이 가장 많은 시간 고객과 의사소통을 하고 있고 관리 및 신규 영업을 하고 있으니 선물은 구성원들이 먼저 가져가는 것이 옳다고 생각합니다. 저 역시 오랜 시간 직장생활을 경험해 보았기에 구성원의 입장에서 볼 때 가장 억울하지 않은 복지라고 생각합니다.

마음 가는 대로 하는 것입니다. 동행 관세사무소의 경쟁력입
니다.

9.
우리는 우수한 인재를 보유한 관세사무소입니다

저의 사회생활 첫 면접 경험은 2003년 10월 어느 날로 기억합니다. 두근두근 떨렸던 마음을 지금도 기억합니다.

한국관세사회 홈페이지(www.krcaa.or.kr)의 구인구직 채널을 통하여 동행 관세사무소의 채용 공고를 진행합니다.

구인업체 정보

구분 : 구인
제목 : 신입 관세사 또는 수출입통관 업무 담당자 채용 공고
상호 : 동행 관세사무소
담당자 : 김상균
직위 : 대표 관세사

전화번호 : 02-6929-0404

이메일 : skkim@dhcus.com

홈페이지 주소 : www.dhcus.com

회사 소개

동행 관세사무소가 새로운 가족 구성원을 찾습니다.

동행 관세사무소는 관세, 무역 및 물류와 그와 관련된 업무에 대한 토탈 솔루션을 제공해 드립니다.

동행 관세사무소에서 다양한 품목/업종/형태를 경험할 수 있습니다.

동행 관세사무소는 많은 기업이 만족하는 강한 관세사무소입니다.

동행 관세사무소는 귀사/귀하의 진정한 관세 및 무역 동반자입니다.

동행 관세사무소는 소통합니다.

동행 관세사 TV (YouTube)

www.dhcus.com (Homepage)

blog.naver.com/companioncustoms (Blog)

동행 관세사무소는 관세 & 무역 관련 책을 전파합니다.

관세사무소에서 희망을 찾다 (북랩 출판사, 김상균 지음, 2021.01.29.)

저의 직업은 관세사입니다 (북랩 출판사, 김상균 지음, 2021.07.02.)

여기는 동행 관세사무소 서초 캠퍼스입니다 (북랩 출판사, 김상균 지음, 2023.07.03.)

관세사무소로 출근합니다(북랩 출판사, 김상균 지음, 2025.07.02.)

채용 정보

근무지역 : 서울시 서초구 효령로 55길 28 브이 샤르망 605-1호
모집인원 : 1명
고용형태 : 정규직
모집분야 : 관세사 또는 컨설턴트
급여조건 : 사내 규정에 따름

지원자 자격요건

학력요건 : 무관
경력요건 : 신입
우대사항 : 업무 협의 및 협업 능력이 우수한 자

접수 방법

접수마감 : 0000-00-00
접수방법 : 이메일 접수 (skkim@dhcus.com)
제출서류 : 이력서 및 자기소개서
기타사항 : 접수 마감일 전에 서류 합격자는 미리 면접 진행함

가슴이 벅차게 느껴지는 소위 스펙이 월등하고 훌륭한 지원자들이 이력서와 자기소개서를 보내옵니다. 신입 관세사 모집에 경력 관세사의 이력서와 자기소개서도 보입니다. 컨설턴트 모집에 관세사 자격을 보유한 지원자의 이력서와 자기소개서도 보입니

다. 우선 서류심사를 진행하고 서류심사에 합격한 지원자들에 한하여 면접을 진행합니다. 여러 가지 질문과 답변이 오고갑니다.

우리 함께 동행 관세사무소의 면접장으로 가볼까요?

관세사 자격을 보유한 지원자와 관세사 자격을 보유하지 않은 지원자가 있습니다. 제가 우려하고 걱정되는 부분을 이야기합니다. 일종의 당부라고 할까요?

√ 열린 자세로 업무 협의 및 협업!
√ No 텃세 !
√ 물량 No Touch !

예를 들어 관세사 자격을 보유한 지원자는 관세사 자격을 취득하기 위해서 오랜 기간 본인 나름의 일종의 루틴 공부방식이 있었고 지식에 대한 나름의 확고한 논리도 있다고 생각합니다. 이러한 부분이 업무를 진행할 때 고집으로 나타날 수 있습니다. 그 공부방식이 독선으로 나타날 수 있고 그 확고한 논리가 생각의 유연함을 막아 결국 업무 협의 및 협업에 방해가 될 수 있습니다. 홀로 고립될 수 있다는 의미입니다. 그래서 열린 자세를 가지고 업무를 할 수 있는지 그리고 기존 구성원들과의 어울림 등 이러한 부분을 서로 이야기합니다.

그다음 동행 관세사무소에 입사하면 다양하게 많은 것을 배울 수 있다고 이야기합니다. 다양한 품목/업종/형태를 경험할 수 있습니다. 단언컨대 타 관세사무소보다 다양하게 많은 것을 배울 수 있습니다. 기존 구성원들의 텃세는 없습니다. 구성원 사이의 업무를 공유하지 않는 것은 없습니다. 제가 당당하게 약속할 수 있는 부분입니다. 이 부분은 지원자들의 입장에서 무시할 수 없습니다. 관세사무소에 입사를 하여도 업무를 다양하게 많이 배우지 못하고 또는 기존 구성원들의 텃세에 힘들어하는 이야기를 들을 때마다 씁쓸한 기분이 듭니다. 동행 관세사무소는 조직의 경직화를 경계합니다.

또 하나는 동행 관세사무소의 물량은 재직 중에 그리고 퇴직 이후에도 어떠한 경우에도 손을 대거나 건드리지 않기로 합의합니다. 거래업체 정보를 유출하지 않습니다. 서로 터놓고 이야기합니다.

이와 같이 3가지를 면접장에서 제가 지원자에게 이야기하고 당부합니다. 지원자도 동행 관세사무소를 알아야 합니다. 서로 질문과 답변을 합니다.

마침내, '동행 관세사무소의 가족이 된 것을 진심으로 환영합니다!' 이제부터 동행 관세사무소로 출근합니다.

'배달의 민족'의 운영사인 '우아한 형제들' 회사를 방문하면 멋진 말이 있습니다. (직접 가보지는 못 했지만…)

'평생직장 따윈 없다. 최고가 되어 떠나라!'

대한민국의 대형 관세법인, 법무법인, 회계법인 그리고 수출입 기업 등의 채용 담당자님들은 동행 관세사무소의 구성원을 스카우트하면 후회는 없을 것입니다. 연봉을 많이 제시하고 스카우트하십시오. 우리의 자랑입니다.

동행 관세사무소는 우수한 인재를 보유한 관세사무소입니다.

'동행 관세사무소'는 2025년 현재 권소영 책임 컨설턴트, 이금성 책임 컨설턴트(제36회 관세사 시험 합격), 이병욱 책임 컨설턴트 (제40회 관세사 시험 합격), 최기석 수석 컨설턴트, 최기선 책임 컨설 턴트를 보유한 관세사무소입니다.

대한민국 최고의 통관 기술자인 최기석 수석 컨설턴트! 이미 여러 곳에서 수차례 스카우트 제의가 있었으나 여전히 동행 관세 사무소에서 근무하고 있습니다. 동행 관세사무소의 구성원이 동 행 관세사무소에서 계속 근무한다면 다양하고 지속적인 혜택을 주면 됩니다. 그것이 저의 역할입니다.

과거에 함께했던, 현재 함께하는 그리고 미래에 함께할 구성원 모두 고맙습니다. 감사합니다. 응원합니다.

잠시 야구 이야기를 하겠습니다. 서울을 연고지로 하는 한국 프로야구 구단인 히어로즈(Heroes), 젊은 선수들에게 많은 기회 를 부여하고 가치 있는 선수를 발굴하는 구단입니다. 저는 개인 적으로 히어로즈(Heroes) 구단이 한국 프로야구에서 나름 멋진 역할을 하고 있다고 생각합니다. 구성원들이 최고가 되어 MLB 무대로 향합니다.

강정호 선수 : from Heroes, KBO to Pittsburgh Pirates, MLB

박병호 선수 : from Heroes, KBO to Minnesota Twins, MLB

김하성 선수 : from Heroes, KBO to San Diego Padres, MLB

이정후 선수 : from Heroes, KBO to San Francisco Giants, MLB

김혜성 선수 : from Heroes, KBO to Los Angeles Dodgers, MLB

Who will be next from Heroes, KBO to MLB ?

바라건대 히어로즈 구단 출신이자 현역인 김하성 선수, 이정후 선수 그리고 김혜성 선수가 언젠가 히어로즈 구단으로 돌아와 한국시리즈에서 우승하는 날을 그려봅니다. 영웅들을 응원하는 팬들도 감동과 눈물의 선물을 받기를 바랍니다.

여기는 구성원이 성장하는 동행 관세사무소입니다.

10.
지나가는 중에
잠깐 부딪히나 봅니다

지난 저서 『관세사무소에서 희망을 찾다』에서 다음과 같은 글을 쓴 적이 있습니다.

> 많은 사람들을 만났습니다. 우리가 살고 있는 사회가 생각보다 아픕니다. 많은 사람들이 공황장애와 불면증 등 어려움을 겪고 있으나 쉬지도 못하고 경기장에서 경기를 하고 있습니다. 힘내십시오. 응원하겠습니다.

2018년 2월 1일 동행 관세사무소의 설립 이후 많은 기업과 사람들을 만났습니다. 여전히 그리고 당연히 만남은 현재 진행형입니다. 동행 관세사무소와의 업무 인연을 만들기 위하여 노력합니다. 크게 외칩니다. 동행 관세사무소는 간절하고 투명하게 귀사의 업무 파트너가 되기를 바랍니다. 맡겨 주십시오. 그리고 판단하여 주십시오.

만남 이후에 수출입 업체 및 포워더의 업무 담당자들이 관세 및 무역 관련 질문을 합니다. 기다렸던 순간으로 성심성의껏 답변을 합니다. 질문에 그치지 아니하고 곧 동행 관세사무소로 업무 의뢰를 할 것이라 생각합니다. 하지만 아직 업무 의뢰가 오지 않습니다. 또 다시 수출입 업체 및 포워더의 업무 담당자들이 관세 및 무역 관련 질문을 합니다. 다시 기다렸던 순간으로 성심성의껏 답변을 합니다. 또 질문에 그치지 아니하고 곧 동행 관세사무소로 업무 의뢰를 할 것이라 다시 생각합니다. 그러나 역시 동행 관세사무소로 업무 의뢰가 오지 않습니다.

그 수출입 업체 및 포워더의 업무 담당자들은 현재 이용하고 있는 관세사에서의 답변이 만족스럽지 않아 동행 관세사무소로 질문을 한다고 합니다. 그 수출입 업체 및 포워더의 업무 담당자들 입장에서는 현재 이용하고 있는 관세사를 계속 거래할 이유가 없다고 생각하나 질문까지가 전부이며 동행 관세사무소로 업무 의뢰가 오지 않습니다. 과거보다 현재는 학연·지연·혈연 등의 연줄을 통해서 이용하는 경우보다 관세사무소의 서비스 수준, 담

당자 능력 등의 만족을 찾아서 관세사를 선택하는 경우가 많다
고 생각하기 때문입니다. 아이러니한 경우입니다.

이제는 느낌이 옵니다. 느낌 아니까! 이제는 압니다. 어느 업체
가 질문만 하고 동행 관세사무소의 거래업체가 안 될지…

지나가는 중에 잠깐 부딪히나 봅니다.

11.
그릇의 크기

앞에서 말씀드렸듯이 동행 관세사무소의 성장은 매출액 및 인원수의 증가뿐만 아니라 거래업체와 내부 구성원의 성장을 의미합니다. 돌이켜 보면 2025년 현재의 매출액보다 더 많은 매출액의 확보 기회가 몇 번 있었습니다. 그 기회를 잡았다면 자연스럽게 내부 구성원의 인원수 증가도 따라왔을 것입니다. 그러나 그 기회를 일부러 잡지 않았습니다. 저의 그릇의 크기가 그 이유입니다. 저의 그릇의 크기가 작습니다.

저는 관세사무소의 매출액이 크다고 아주 부럽지 않습니다. 저는 관세사무소의 인원수가 많다고 아주 부럽지 않습니다.

저는 실무를 하는 대표 관세사입니다. 매일매일 구성원의 출근시간과 똑같이 출근합니다. 수출입통관 업무를 합니다. 현장 업무를 하며 퇴근시간이 늦습니다. 마케팅 및 영업을 합니다. 주말과 명절에도 출근하여 수출입통관 업무를 합니다. 이뿐만 아니라 전체 업무의 관리 및 방향 제시 등을 합니다. 관리형 대표 관세사가 아니고 실무형 대표 관세사입니다.

저의 그릇의 크기입니다. 저의 그릇의 크기가 작습니다. 그릇은 작으나 밥과 국을 많이 담으면 넘쳐흐릅니다. 제가 감당할 수 없는 스트레스를 경계합니다.

『세이노, 세이노의 가르침』 책을 읽으면 대한민국에서 가장 무서운 법은 관세법이라는 문구가 있습니다. 관세사가 직업인 저는 이 문구를 완전 공감하고 있습니다. 그래서 저는 제가 어느 정도 업무를 진행하고, 전체 업무의 관리 및 방향 제시를 할 수 있는 업무량과 규모를 선호합니다.

많은 매출액을 올리고 그리고 많은 인원수를 보유한 관세사분들의 그릇의 크기를 생각합니다. 대단하고 멋지게 보이고 그 시스템이 부럽습니다.

12.
중요한 것은 꺾이지 않는
업무 공유

동행 관세사무소는 업무 공유가 필요한 경우 바로바로 미팅을 진행합니다. 각자의 자리에서 의자만 돌리면 회의실이 됩니다. 음식이 나오기 전에 식당 테이블은 회의실 테이블이 됩니다. 관세사무소는 업무 리스크를 줄여야 합니다. 중요한 부분 및 놓치기 쉬운 부분 등에 대하여 업무 공유를 수시로 합니다. 텃세는 없습니다. 텃세가 없어야 업무가 공유됩니다. 중요한 것은 꺾이지 않는 업무 공유입니다.

최근 미국 대통령인 도널드 트럼프 대통령의 상호관세 부과 방침에 관하여 많은 업체와 사람들이 동행 관세사무소로 문의하였고 문의하고 있습니다. 대한민국의 관세법이 아니고 미국의 법이기에 답변에 혼란이 발생할 수 있으며 한계가 있습니다. 많은 업체와 사람들에게 정확하고 일관된 답변이 될 수 있도록 그리고 어떻게 대응하는지 내부 미팅을 수시로 진행합니다. 관련 세미나 및 교육 등에 참석하여 자료 등의 정보를 모읍니다.

또한 원산지증명서 발행을 위한 세팅을 할 경우에는 원산지결정기준 검토 전에 불인정공정에 해당하는지 등 놓치기 쉬운 부분에 대하여 미팅을 진행합니다. 의외로 불인정공정에 해당하는 경우가 많기 때문입니다. 몇 번이고 반복적으로 미팅을 진행합니다.

시끄러운 사무실이 동행 관세사무소의 경쟁력입니다. 항상 라디오를 틀어 놓습니다. 문을 활짝 열고 근무합니다.

2002년에 개봉한 영화 〈위 위 솔저스〉의 명대사가 생각납니다. "I will leave no one behind." 동행 관세사무소의 구성원들은 동행하고 있습니다. 조직의 경직화를 경계합니다.

13.
약국

업체를 방문할 때 음료수를 구입하는 경우가 있습니다. 저는 음료수를 구입하는 경우에 약국에서 비타 종류의 음료수 또는 B 음료수를 구입합니다. 편의점보다 저렴하기 때문입니다. 여러분! 알고 계신지요? 약국의 동일한 비타 종류의 음료수 또는 B 음료수가 지역에 따라 다소 가격 차이가 있습니다. 저에게는 그 지역의 물가를 반영한 가격으로 생각하기에 흥미진진한 부분입니다.

14.
노출이 답이다

동행 관세사무소는 2025년 현재 기준으로 대표 관세사인 저를 포함하여 6명이 일을 하고 있습니다. 여전히 많이 부족하고 고군분투하는 관세사무소입니다. 2018년 2월 1일 설립 당시에는 3명이 근무하는 더욱 작은 관세사무소이었기에 영업을 위한 마케팅 및 홍보가 필요했습니다.

동행 관세사무소는 상호 노출을 위하여 다방면으로 노력하고 시도합니다. 이미 본서 'Limited Edition' 부분에서 굿즈를 언급하였습니다. 이미 몇천 명의 영업사원이 업체 담당자 곁에 있습니다. 그리고 '방송국을 소유하고 있습니다' 부분에서 유튜브를 언급하였습니다. 조회수 22,500회가 넘어가고 있습니다. 또한 책을 출판합니다. 관세&무역 관련 책을 네 권이나 출판하였습니다. 네 권을 출판하다 보니 생각을 글로 전환하는 습성이 생긴 것 같습니다. 첫 번째 저서인『관세사무소에서 희망을 찾다』, 두 번째 저서인『저의 직업은 관세사입니다』, 세 번째 저서인『여기는 동행 관세사무소 서초 캠퍼스입니다』에 이어 본서『관세사무소로 출근합니다』가 세상에 나왔습니다. 본서 에필로그 부분에서 언급하겠지만 다섯 번째 책의 출판을 이미 생각하고 있습니다. 책의 가칭은『의견서 쓰는 관세사입니다』또는『스토리가 있는 관세사무소입니다』입니다. 업체에서 교육을 진행하고 동행 관세사무소의 홈페이지(www.dhcus.com) 공지사항에 교육사진을 올립니다. 공지사항의 조회수가 올라갑니다.

언제 누군가 말씀하셨습니다. 동행 관세사무소! 어디서 많이 들어본 관세사무소인데요. 업력이 어느 정도인가요? 2025년 개업 8년 차의 관세사무소이지만 누군가 아주 오래된 관세사무소 아니냐고 물었던 기억이 있습니다. 20년 넘은 관세사무소 아니냐고?

동행 관세사무소는 상호 노출을 위하여 다방면으로 노력하고 시도합니다.

15.
경기 상황이 나쁩니다

2018년 2월 1일 설립 이후 2025년 현재 개업 8년 차의 동행 관세사무소는 많은 업체와 사람들을 만났습니다. 코로나19의 시작과 종식을 경험하였습니다. 2022년 러시아의 우크라이나 침공으로 시작된 전쟁은 현재 진행형입니다. 2023년 하마스가 이스라엘을 상대로 침공을 감행하였습니다. 2024년 12월 윤석열 정부가 비상계엄을 선포하였습니다. 원·달러 환율이 1,500원을 육박한 적도 있습니다. 제47대 미국 대통령 선거에서 도널드 트럼프 대통령이 당선되었습니다. 미국의 상호관세 부과 방침이 발표되었습니다. 제21대 대한민국 대통령이 선출되었습니다. 굵직굵직한 사건들이 많습니다.

경기침체 및 경기부진의 환경에서 동행 관세사무소의 몇몇 거래업체들도 어려움을 겪고 있습니다. 경기도 안산시 소재 OO업체, 서울시 마포구 소재 OO업체 등은 안타깝게도 법정관리에 들어가서 동행 관세사무소는 통관 보수료를 받을 수 없었습니다. 거래업체를 몇 번 찾아가 보고 자료 제출을 시도하지만 통관 보수료를 받을 수 없습니다. 포워더의 운임 등이 미수가 발생하면 미수 금액이 통관 보수료보다 상대적으로 크다고 할 수 있으나, 규모가 작은 관세사무소에서 통관 보수료를 받지 못하면 어려움에 직면합니다.

아래는 채무자 공문의 일부 내용입니다.

제목 : 회생채권·회생담보권·주식 신고 안내

1. 귀사(하)의 무궁한 발전을 빕니다.

2. 당사는 OOOO년 OO월 OO일자로 서울회생법원 제OO부의 결정에 의하여 회생절차가 개시됨에 따라 회생채권·회생담보권·주식 신고에 대하여 아래와 같이 업무가 진행됨을 알려드리오니, 회생절차가 원활히 진행될 수 있도록 협조하여 주시기 바랍니다.
회생채권 등을 신고하기 전에 채무자가 제출한 회생채권 등의 목록을 확인 및 채권신고방법 안내받으시기 바라며 (당사전담반 ☎ OO-OOOO-OOOO 으로 전화요망), 회생채권 신고서 등의 양식은 채무자 회사 당사 전담반에 문의하시어 배부 받으시길 바랍니다. 회생절차 개시 결정문 등 채권자가 알아

야 할 사항은 대법원 홈페이지 상단 '공고'란에 공고되어 있으니 참조하시기
바랍니다.

= 아 래 =

생략

아래는 서울회생법원 통지서의 일부 내용입니다.

서 울 회 생 법 원

제 00 부

통 지 서

수신 관리인, 채무자, 알고 있는 회생채권자·회생담보권자
사건 ㅇㅇㅇㅇ회합 ㅇㅇㅇㅇㅇㅇ 회생
채무자 주식회사 ㅇㅇㅇㅇ
법률상관리인 ㅇㅇㅇ

위 사건에 관하여 이 법원은 2025. 00. 00. 00:00 회생절차 개시결정
을 하였으므로 채무자 회생 및 파산에 관한 법률 제51조 제2항, 제1항의 규
정에 의하여 다음 사항을 통지합니다.

회생절차 개시결정의 주문
가. 채무지에 대하여 회생절차를 개시한다.
나. 채무자에 대하여 관리인을 선임하지 아니하고 채무자의 대표자를 채
무자의 관리인으로 본다.

= 아 래 =

생략

비슷한 맥락으로 잠시 다른 이야기를 하겠습니다. 경기침체 및 경기부진의 환경과 관계없이 동행 관세사무소는 관세 및 부가가치세 등을 원칙적으로 대납하지 않습니다. 큰 위험에 직면할 수 있기 때문입니다. 대납으로 미수금이 발생하여 관세사무소가 어려움에 직면합니다. 이와 관련하여 주변에서 들려오는 좋지 않은 이야기에 마음이 안타깝고 아픕니다.

여러분! 관세 및 부가가치세 등의 대납 관행은 없어져야 하지 않을까요? 이 역시 '내로남불'의 잣대가 아니기 바랍니다.

16.
궁합이 맞지 않아요

본서 '지나가는 중에 잠깐 부딪히나 봅니다' 부분에서 언급하였듯이 수출입 업체 등을 대상으로 동행 관세사무소와의 업무 인연을 만들기 위하여 노력합니다. 드디어 동행 관세사무소의 거래업체가 되었습니다.

하지만 동행 관세사무소의 거래업체이지만 업무를 진행하다보면 궁합이 너무 맞지 않는 업체와 업무 담당자가 있습니다. 이렇게 궁합이 맞지 않을 수 있을까? 그러면 저는 구성원들의 의견을 청취합니다. 거래업체의 업무 담당자가 소위 부당한 갑질을 하는 경우 동행 관세사무소의 구성원들이 힘들어합니다. 노력은 하지만 너무 애쓰지 않습니다. 제가 겪어도 부당하고 억울한데 구성원들의 마음은 얼마나 힘들지 생각합니다. 이제는 구성원들을 이해할 시간입니다. 업무는 구성원들이 많이 진행하니 저는 상황 관리를 하여야 합니다. 몇 번의 회의를 통하여 이제는 동행 관세사무소와의 인연이 아니라고 결정합니다. 그 스트레스에 에너지를 소비하지 않고 타 거래업체에 그 에너지를 사용하여 더욱 좋은 서비스를 제공합니다.

인생에서 마실 수 있는 술의 양이 정해져 있다는 '주량 총량의 법칙'이 있다면 동행 관세사무소의 구성원이 서비스할 수 있는 에너지도 총량이 있다고 생각합니다.

가수 015B의 노래 〈이젠 안녕〉의 '♩~ 함께했던 시간은 이젠 추억으로 남기고, 서로 가야 할 길 찾아서 떠나야 해요 ~♬' 한 소절이 떠오릅니다.

이 또한 지나갔습니다.

안녕히 계세요.
Good bye.
Au revoir.

Arrivederci.

Auf Wiedersehen.

17.
평생 공부하는 직업입니다

지난 저서 『관세사무소에서 희망을 찾다』에서 다음과 같은 글을 쓴 적이 있습니다.

관세 및 무역 관련 법, 시행령, 시행규칙 그리고 관련 고시가 끝없이 수시로 변경되고 생기고 있습니다. 뒷부분에서 다시 언급하겠지만 공부하는 직업입니다.

업무의 최전선에 있는 컨설턴트들이 일차적으로 업무 리스크를 제거하여야 합니다. 공격이 최선의 방어입니다.

교육받을 권리는 컨설턴트의 당연한 권리이며 교육비는 비용이 아니라 투자입니다.

동행 관세사무소의 구성원들이 FTA 교육을 받으러 갑니다. 거래업체를 대상으로 FTA 컨설팅을 제공할 수 있는 구성원의 수가 증가합니다. 동행 관세사무소의 구성원들이 외국환 교육을 받으러 갑니다. 우연인지 몰라도 외국환 교육을 다녀온 후에 경기도 안산시 소재의 OO업체에서 외국환 관련 질문을 합니다. 동행 관세사무소의 구성원들이 KC인증 교육을 받으러 갑니다. 업무 리스크를 줄이기 위해서 교육을 해야 합니다. 또한 교육을 받아야 합니다. 계속 교육을 보냅니다. 모든 구성원이 교육을 받을 수 있으면 좋겠지만 순차적으로 그리고 담당 업무에 맞게 교육을 보냅니다.

과거 관세법인에서 관리자로 근무하던 시절에 구성원들이 교육 참여 순서 때문에 작은 소란이 발생한 기억이 있습니다. 교육 참석 대상자 선정도 관리자가 잘 신경 써야 할 부분입니다.

예를 들어 동행 관세사무소의 이금성 책임 컨설턴트(제36회 관세사 시험 합격)는 미국 트럼프 관세정책 관련 세미나 등에 거의 참석하였습니다. 동행 관세사무소에서 미국 트럼프 관세정책 관련 특화 전문위원이 된 것입니다.

교육은 동행 관세사무소의 경쟁력입니다. 평생 공부하는 직업입니다.

18.
주말에 일을 하니 사장이다

지난 저서 『관세사무소에서 희망을 찾다』에서 다음과 같은 글을 쓴 적이 있습니다.

동행 관세사무소는 워라밸(Work-life balance)과는 관계가 없습니다. 일의 강도가 상당히 높습니다. 정시 퇴근…. 글쎄요. 밤 시간 혹은 새벽 시간에도 통관 업무를 진행하는 경우가 타 사무소보다 적지 않다고 생각합니다. 주말에도 통관 업무를 진행합니다. 명절에도 통관 업무를 진행합니다. 저희 고객 업무의 특수성이 그 이유입니다. 하지만 즐겁게 웃으며 강한 자부심을 가지고 일합니다.

동행 관세사무소의 고객 업무의 특수성으로 주말 및 명절에 통관 업무를 진행하고 있습니다. 주말 및 명절에는 제가 통관 업무를 많이 진행하고자 합니다. 제가 대표 관세사이니까, 다시 말해서 사장이니까 가능하다고 생각합니다. 시대는 변화하였고 변화하고 있고 그리고 변화할 것이기에 구성원들에게 완벽히 강요할 수 없는 부분이라 생각합니다. 즉 구성원들이 주말 및 명절에 순차적으로 근무하기에는 무리가 있다고 생각합니다. 즉 수당을 떠나 선호하지 않는다고 생각합니다. 그냥 제가 수말에 동관 입무를 진행하고 주말에 개인 일이 있는 경우에는 구성원들에게 업무 부탁을 합니다. 그래도 많은 시간 같이 업무를 진행해주는 최기석 수석 컨설턴트에게 진심을 다하여 고맙다는 말을 전합니다. 친구야! 고맙다. 반갑다.

주말 통관 업무로 발생하는 통관 보수료를 모아 구성원들이 워크숍을 가는 기분 좋은 상상을 합니다. 상상은 또 현실이 될 것입니다.

Coming Soon !
'Workshop in Taipei' or 'Workshop in Jeju'

19.
헬스장 옆 관세사무소

지난 저서 『관세사무소에서 희망을 찾다』에서 다음과 같은 글을 쓴 적이 있습니다.

동행 관세사무소는 책상 간의 칸막이가 없습니다. 칸막이를 원하지 않았으며 솔직히 칸막이 구입 비용이 아깝더라고요. 모든 가구는 중고입니다. 작은 규모의 사무실 공간이지만 소통 및 열린 공간을 원했습니다. 유명한 해외 'G'사의 사무실 스타일이라고 스스로 합리화 및 세뇌를 한 것인지도 모르겠습니다. 인테리어에 지출을 하지 않습니다. 당연히 대표인 저의 책상 자리도 훤히 보입니다.

동행 관세사무소는 어느 사무실보다 직원이 만들어내는 인테리어로 아름답습니다.

가장 중요한 인테리어는 동행 관세사무소의 주인인 컨설턴트들이 만들어내는 열정과 웃음입니다. 사무실 인테리어를 바꿀 의향이 없습니다.

최근 경기침체 및 경기부진의 환경이지만 '서울시 서초구 효령로 55길 28'에 위치한 동행 관세사무소는 여전히 저를 포함한 6명의 월급을 만들어주는 매우 소중한 장소입니다. We enjoy our company.

어느 날 문득 주변을 살펴보니 개성 넘치는 6명의 책상 위의 흐트러진 서류, 텀블러, 소품 등 각자가 만들어내는 가장 멋진 인테리어가 있는 사무실입니다. 때로는 카페가 되기도 합니다. 때로는 식당이 되기도 합니다. 때로는 도서관이 되기도 합니다. 때로는 회의실이 되기도 합니다. 때로는 미술관이 되기도 합니다. 때로는 식물원이 되기도 합니다. 사무실의 규모가 작으니 창문의 블라인드를 올리고 입구 문을 활짝 열어 개방감을 느끼게 합니다.

동행 관세사무소에서 북 콘서트를 열어보는 것은 어떨까요? 관세&무역 관련 책을 네 권이나 출판하였으니 그 책들을 주제로 북 콘서트를 열어보는 것입니다. 5명 정도만 참여하여도 의미 있는 시도라고 생각합니다. 추후에 혹시 유튜브 채널 '동행 관세사 TV'를 통하여 북 콘서트에 대하여 의견을 부탁하는 경우 많은 댓글을 달아주십시오. 그리고 관심이 있다면 참여를 부탁드립니다. 사실 저의 개인 이메일로 책을 읽으신 후 소감, 질문 등을 보내시는 경우가 종종 있습니다. 유익한 시간이 될 수 있는 예감이 듭니다.

최근 지인이 미술품을 저에게 선물하였습니다. 사무실 책상에 올려두니 프랑스 파리의 루브르박물관 못지않은 미술관이 됩니다. 최기선 책임 컨설턴트와 함께 잠시 미술품을 바라봅니다. 이 작품을 어떻게 생각해? 최기선 책임 컨설턴트가 그저 말없이 쳐다봅니다. 저도 할 말이 없습니다.

가끔 생화를 사무실에 가져옵니다. 생화의 수명은 짧은 기간이지만 제주도에 위치한 여미지 식물원(직접 가보지는 못 했지만…)의 분위기를 잠시나마 연출합니다.

말씀드렸듯이 유튜브 채널 '동행 관세사 TV'의 구독자가 500명이 되는 순간 동행 관세사무소에서 작은 열린 음악회를 진행할 계획을 가지고 있습니다. 몇 개월 전, 동행 관세사무소의 옆 사무실에 'Personal Training Gym'이 입점하였습니다. 예술의 전당과 가까운 위치여서 그런지 많은 음악인이 그 'Personal Training Gym'을 방문합니다. 클라리넷 연주자 그리고 첼로 연주자 등을 섭외할 것입니다.

배우 심은하, 이성재 등이 출연한 영화 〈미술관 옆 동물원〉을 알고 계시는지요? 영화의 제목이 상징하듯 정반대의 대조적인 성격의 두 남녀가 한정된 공간에서 티격태격하다가 사랑에 빠진다는 내용을 다루고 있습니다. 〈미술관 옆 동물원〉이 아닌 〈헬스장 옆 관세사무소〉입니다. 완벽히 관세사무소와 관련이 없는 업종인 'Personal Training Gym'의 입점으로 알 수 없는 활기와 기가 돌고 있습니다. 헬스장 옆 관세사무소입니다.

동행 관세사무소는 의도적으로 그리고 지속적으로 생명을 불어넣는 열린 공간입니다.

그래도 언젠가 사무실 이전을 할 수 있으니 최근에는 오고가며 다음 사무실 위치를 살펴봅니다. 나름 흥미롭습니다.

여기는 동행 관세사무소 서초 캠퍼스입니다.

20.
일당백

2025년 MLB 샌디에이고 파드리스에서 탬파베이 레이스로 팀을 옮긴 김하성 선수의 주 포지션은 유격수이나 2루수와 3루수 포지션을 소화합니다.

2025년 KBO 키움 히어로즈에서 MLB LA 다저스로 팀을 옮긴 김혜성 선수의 주 포지션은 2루수이나 유격수와 심지어 중견수 포지션을 소화합니다.

동행 관세사무소의 구성원도 마찬가지입니다. 수출 업무만 하지 않습니다. 수입 업무만 하지 않습니다. 환급 업무만 하지 않습니다. FTA 업무만 하지 않습니다. 요건 업무만 하지 않습니다.

정산 업무만 하지 않습니다. 현장 업무만 하지 않습니다. 영업만 하지 않습니다. 배울 수 있으면 전부 배웁니다. 텃세는 없습니다. 멀티플레이어가 되기를 적극 장려합니다. 개인의 가치가 오르면 우리의 가치가 올라갑니다. 동행 관세사무소의 경쟁력입니다.

이병욱 책임 컨설턴트(제40회 관세사 시험 합격)의 관세사 동기가 어느 날 이병욱 책임 컨설턴트에게 묻습니다. 그런 업무까지 배웠냐고?' 이병욱 책임 컨설턴트(제40회 관세사 시험 합격)는 단언컨대 관세사 동기들 중에서 통관 업무에 관해서는 최고의 기술자입니다.

21.
부처님! 하나님! 하느님!

2018년 2월 1일 설립 이후 2025년 현재 개업 8년 차의 동행 관세사무소는 많은 업체와 사람들을 만났습니다. 마케팅 및 영업에 있어서 많은 사람들의 종교에 관한 에피소드(?)를 말하고자 합니다. 무거운 종교 이야기가 아닌 제가 느낀 마케팅 및 영업에 있어서의 종교 이야기를 하는 것이기에 가볍게 읽어주시면 감사하겠습니다.

저는 다양한 종교를 이해하려고 합니다. 이것이 핵심입니다.

부처님!
KBO 프로야구 감독들의 손목에 염주를 착용한 모습이 TV

중계 화면에 보입니다. 그 마음 충분히 이해합니다. 제 가방 안에는 선물로 받은 염주가 3개나 들어 있습니다. 저를 지켜주는 느낌을 받으며 마음이 편안합니다. 또한 저를 서포트하는 느낌이 듭니다. 얼마 전 청계산에 위치한 정토사에서 절을 한 적이 있는데 스님이 저를 보고 말씀하십니다. 절의 자세가 아주 좋다고 평소 어느 사찰에 다니느냐고 묻습니다. 그저 저는 진심을 담아 절을 하며 기도를 한 것입니다. 그런데 염주 3개를 가방 안에 소지하고 다닌다고 그리고 진심을 담아 절을 한다고 저의 종교가 완벽히 불교라고 말할 수 없습니다. 그 정도로 독실하지 않습니다. 하지만 아주 좋습니다.

아래의 경우가 발생하면 여러분은 어떠한 생각이 드시는지요? 여러분의 종교가 불교이기에 손목에 염주를 착용하고 업체를 방문하였는데 업체 담당자의 종교가 기독교이면 뭔가 불편합니다. 영업이 쉽게 이루어질까요? 상관없을까요?

하나님!

1997년 9월 어느 날, 유군 훈련소의 교회에서 경험한(?) 〈실로암〉 찬양을 잊을 수 없습니다. 또한 오래 전에 어떠한 이유로 서울시 용산구에 위치한 온누리 교회에 다녔습니다. 돌아가신 하용조 목사님의 설교를 들었습니다. 그리고 그 당시 리더십 책으로 유명한 한홍 목사님의『칼과 칼집』책을 읽었습니다. 제가 좋아하는 찬송가는 〈야곱의 축복〉, 〈살아계신 주〉, 〈보혈을 지나〉, 〈주의 보혈 능력있도다〉, 〈실로암〉 등이 있습니다. 지금도 가끔 들으며 위로를 받고 용기를 냅니다. 매달 서강대학교 근처의 교회 모임을 나갑니다. 영업이 목적 아니냐고 누군가 이야기한다면 저는 교회 모임을 나가 위로받으며 기도를 합니다. 언젠가 동행 관세사무소의 구성원들에게 말한 적이 있습니다. 내가 업체로 마케팅 및 영업하러 갈 때와 달리 교회 모임은 나를 참으로 반갑게 맞이하여 주고 심지어 점심 식사까지 주니 나는 그것만으로 마음을 위로받는다고 이야기했습니다. 제가 매달 교회 모임을 나가며 찬송가를 가끔 듣는다고 저의 종교가 완벽히 기독교라고 말할 수 없습니다. 그 정도로 독실하지 않습니다. 하지만 아주 좋습니다.

하느님!

집 근처에 성당이 있습니다. 오고가며 성당 앞을 지나갈 때 성모마리아상 앞에서 기도를 합니다. 퇴근 시간이 늦었음에도 지름길을 뒤로 하고 기도하기 위하여 성당 앞을 지나갑니다. 어느 날, 밤 11시 30분 늦은 시간에 갑자기 기도를 하고 싶어 성당에

가고 싶었습니다. 착하고 예쁜 딸에게 말합니다. 성당으로 산책 가자고. 딸은 옆에 서 있고 저는 성모마리아상 앞에서 기도를 합니다. 그냥 마음이 편안해져서 기도를 하는 것입니다. 제가 수시로 성모마리아상 앞에서 기도를 한다고 저의 종교가 완벽히 천주교라고 말할 수 없습니다. 그 정도로 독실하지 않습니다. 하지만 아주 좋습니다.

마케팅 및 영업을 하다보면 많은 사람들의 종교와 마주칩니다. 다시 말씀드리지만 저는 다양한 종교를 이해하려고 합니다. 기도하고 싶을 때 기도할 뿐입니다.

다른 내용이지만 비슷한 맥락이 있습니다. 여러분이 업체 담당자와 저녁 식사를 하는 자리라고 가정하겠습니다. 프로야구 이야기를 하게 되었습니다. 여러분의 고향이 부산입니다. 부산을 연고지로 하는 한국 프로야구 구단인 롯데 자이언츠를 너무 사랑하는데, 업체 담당자의 고향이 광주이고 광주를 연고지로 하는 한국 프로야구 구단인 기아 타이거즈를 너무 사랑하면 어떠한 상황이 발생할까요? 이야기를 함에 있어 유연해지지 않으면 영업이 쉽게 이루어질까요? 우리는 유연해질 필요가 있습니다.

영업인입니다.

저는 서울 출생이지만 서울을 연고지로 하는 프로야구 구단을 아주 좋아하지도 않고 지역감정도 없습니다. 여러 개의 프로야구 구단을 동시에 응원합니다. 10개의 프로야구 구단이 돌아가면서 한국시리즈 우승을 하면 좋겠습니다. 각각의 프로야구 구단을 응원하는 아이들을 위해서! (프로의 세계를 떠나서) 기분 좋은 공평이 아닐까요?

CHAPTER 2
생활 속 관세&무역 이야기 3

딱딱한 법 조항을 설명할 때 그림이나 사진을 사용하여 이야기를 만들어 설명합니다. 법 조항에 이야기를 만들어 생명을 불어넣는 것이 쉬운 작업은 아닙니다. 관세&무역의 초급자 대상을 위한 교육 또는 관세&무역 교육의 소개 부분에 이와 같은 방식을 사용하면 교육 집중을 높이며 교육이 아닌 이야기의 장(場)이 됩니다. 실제로 이러한 독특한 교육 방식으로 수출입 업체뿐만 아니라 협회, 대학교, 고등학교 및 중학교 등에서 교육 요청이 많이 들어옵니다. 작성 시기에 따라 현재 법률과 맞지 않는 부분이 있을 수 있습니다. 모든 내용은 일반적인 정보 제공을 위한 것일 뿐이며 유권해석이 아닙니다.

1.
(수입신고) 무역거래처(구.해외거래처)는 한국 소재 업체가 될 수 없다고?

통관 프로그램에서 수입신고를 작성하는 경우 무역거래처(구.해외거래처)를 입력하여야 합니다. 참고로 통관 프로그램의 수입신고를 작성할 때 무역거래처(구.해외거래처)와 해외공급자가 구분되어 있습니다.

아래는 통관 프로그램인 레디코리아의 화면입니다.

무역 거래처 (구. 해외 거래처)		
상 호		
부 호		국가
해외 공급자		
상 호		
부 호		국가

여러분! 아래의 거래 관계에서 무역거래처(구.해외거래처)는 어느 업체로 입력하여야 할까요?

구분	내용
1	대한민국에 소재하는 수입업체 X사와 해외 K사의 한국지사 Y사 間의 거래 계약
2	해외 K사의 한국지사 Y사가 대한민국에 소재하는 수입업체 X사에게 송품장 발행
3	물품은 해외 K사의 해외 여러 국가에서 대한민국으로 이동

네, 동행 관세사무소는 대한민국에 소재하는 수입업체 X사와 해외 K사의 한국지사 Y사를 거래 관계의 당사자로 파악하여 무역거래처(구.해외거래처)는 해외 K사의 한국지사 Y사로 입력하여 수입신고를 진행하였습니다. 사실 무역거래처(구.해외거래처)가 한국 소재 업체인 경우는 본 거래 관계의 경우뿐만 아니라 동행 관세사무소의 타 업체의 거래 관계에서도 확인되어 한국 소재 업체를 무역거래처(구.해외거래처)로 입력하여 수입신고 진행되는 경우가 있었습니다. 상당히 오랜 시간 업무가 세팅되어 진행되고 있었습니다.

어느 날 수입신고 정정을 진행하는데 OO세관 OOOO과 반장님이 무역거래처(구.해외거래처)는 한국 소재 업체는 될 수 없고 해외 소재 업체만 될 수 있다고 말씀하십니다. 반장님에게 거래 관계를 충분히 설명하였음에도 불구하고 거래 관계가 다소 복잡하여 정정 처리시간이 소요됩니다.

오해의 소지가 있으면 안 되었기에 당사의 최기석 수석 컨설턴트가 국민신문고 질의를 하였습니다. (2021.6.8.)

민원제목 : 수입물품의 거래 당사자(계약자)가 국내업체일 경우, 해외에서 수입되는 물품의 해외거래처 신고 시 수입신고서 작성방법

안녕하세요.

수입신고 시 수입신고서 ⑭번 항목(무역거래처(구.해외거래처)) 입력 관련 질의를 드립니다.

대한민국에 소재한 수입업체 X사에서 해외 K사의 한국지사 Y사와 거래계약을 체결하여, 해외 K사의 한국지사 Y사가 대한민국에 소재한 수입업체 X사에게 송품장을 발행하고 물품을 해외로부터 공급받고 있습니다.

다시 말해, 물품은 해외 K사의 해외 여러 국가로부터 선적되어 한국의 수입업체 X사로 공급을 히고 있으며, 한국의 수입업체 X사는 해외 K사의 한국지사 Y사로 외환송금을 하여 회계처리를 합니다.

수입통관 사무처리에 관한 고시 제12조 제1항 관련 〔별지1의2〕에서 보면 ⑭무역거래처 입력 방법에는 거래당사자가 발행한 송품장 상의 매도자 (SELLER) 상호를 기재하게 되어 있고,

통관고유부호 및 해외거래처부호 등록·관리에 관한 고시 제3조(적용범위) 에서 보면, 수입통관 사무처리에 관한 고시에 적용하여 사용하도록 명시하 고 있습니다.

이때 ⑭무역거래처 거래 당사자인 해외 K사의 한국지사 Y사로 신고하는 것이 맞는지 확인하여 주시기 바랍니다.

감사합니다.

수입통관 사무처리에 관한 고시 (필요 부분만 발췌)

제12조(수입신고) ① 수입신고는 P/L신고를 원칙으로 한다.

〔별지1의2〕 수입신고서 작성요령(제12조 제1항 관련)

⑭무역거래처					공통	○ 무역거래처 관련사항 기재	
- 상호	AN..	60	M	C		-무역거래처〔거래당사자가 발행한 송품장 상의 매도자(Seller)〕 상호 기재	- OMR ENGR
- 국가	AN	2	M	C		-무역거래처 국가부호(ISO코드) 기재(통제부호 참조)	· JP
- 부호	AN..	13	M	C		-관세청장이 부여한 해외거래처부호 기재	- CNTOSHIN12347
						*수입승인면제물품은 송품장상의 무역거래처명을 기재하고, 맨끝 2자리는 국가부호(ISO코드) 2자리 기재	* 약어사용의 예
							· Corporation : CORP
							· International : INTL
						* 전자상거래의 경우 판매업체와 대행업체(구매·배송 등)의 인터넷 주소를 병행하여 기재	· Trading : TRAD
							· Limited : LTD
							· Company : CO
						예) www. amazon. com (www. malltail. com)	· Enterprise : ENTE
							· Engineer : ENGR

┌───┐
통관고유부호 및 해외거래처부호 등록·관리에 관한 고시 (필요 부분만 발췌)

제3조(적용범위) 다음 각 호의 규정에서 정하는 업무를 하려는 자는 업체
또는 개인의 식별을 위하여 통관고유부호 및 해외거래처부호를 사용한다.

1. 「수입통관 사무처리에 관한 고시」
└───┘

아래는 국민신문고 질의 처리결과 일부 내용입니다. (2021.7.1.)

┌───┐
1. 안녕하십니까? 귀하께서 국민신문고를 통해 신청하신 민원(신청번호
   OOO-OOOO-OOOOOOO)에 대한 검토결과를 다음과 같이 알려 드립니다.

2. 귀하의 민원내용은 '무역거래처 기재'에 관한 것으로 이해됩니다.

3. 귀하의 문의에 대하여 다음과 같이 답변 드립니다.

- 수입신고서 작성 시 '무역거래처' 항목에는 거래당사자가 발행한 송품장
  상의 매도자(Seller) 상호를 기재하므로, X사와 거래계약을 체결한 K사의
  한국지사 Y사가 발행한 송품장에 기재된 매도자(Seller)의 상호를 '무역거
  래처'로 기재하여 신고하면 됩니다.
└───┘

대한민국에 소재한 수입업체 X사와 해외 K사의 한국지사 Y사
間의 거래 계약이며 대한민국에서 하는 외국환거래이므로 외국

환거래법 적용 대상입니다.

외국환거래법 제2조(적용 대상) (필요 부분만 발췌)

① 이 법은 다음 각 호의 어느 하나에 해당하는 경우에 적용한다.

1. 대한민국에서의 외국환과 대한민국에서 하는 외국환거래 및 그밖에
   이와 관련되는 행위

　　OO세관 OOOO과 반장님에게 국민 신문고 질의 처리결과를
보여 드리고 수입신고 정정은 마무리되었습니다. 과거 해외거래
처에서 현재 무역거래처로 용어가 변경된 이유가 있지 않을까요?
쉽지 않습니다.

2.
(수입신고) 쉽지 않은 업무입니다

수출입 업체 등을 대상으로 마케팅 및 영업을 열심히 하여 드디어 타 관세사무소에서 동행 관세사무소로 통관 업무가 이관됩니다. 타 관세사무소에서 진행한 기존 실적 검토는 하지만 수출입 업체 등에서 특별히 언급하지 않는 한 그리고 특이사항이 없는 경우 타 관세사무소에서 진행한 기존 실적 그대로 동행 관세사무소에서 통관 업무가 진행되는 경우가 많습니다.

동행 관세사무소에서 경험한 사례를 함께 보시겠습니다. 업체의 상호, 경영정보, 물품정보 등은 삭제하였습니다.

아래는 관세법 제97조(재수출면세) 및 관세법 시행규칙 제50조

(재수출면세대상물품 및 가산세징수대상물품) 필요 부분만 발췌한 것입니다.

관세법 제97조(재수출면세)

① 수입신고 수리일부터 다음 각 호의 어느 하나의 기간에 다시 수출하는 물품에 대하여는 그 관세를 면제할 수 있다.

1. 기획재정부령으로 정하는 물품: 1년의 범위에서 대통령령으로 정하는 기준에 따라 세관장이 정하는 기간. 다만, 세관장은 부득이한 사유가 있다고 인정될 때에는 1년의 범위에서 그 기간을 연장할 수 있다.

관세법 시행규칙 제50조(재수출면세대상물품 및 가산세징수대상물품)

① 법 제97조 제1항 제1호에 따라 관세가 면제되는 물품과 같은 조 제4항에 따라 가산세가 징수되는 물품은 다음 각 호와 같다.

1. 수입물품의 포장용품. 다만, 관세청장이 지정하는 물품을 제외한다.
2. 수출물품의 포장용품. 다만, 관세청장이 지정하는 물품을 제외한다.
11. 수리를 위한 물품[수리를 위하여 수입되는 물품과 수리 후 수출하는 물품이 영 제98조 제1항에 따른 관세·통계통합품목분류표(이하 "품목분류표"라 한다)상 10단위의 품목번호가 일치할 것으로 인정되는 물품만 해당한다]

수입 예정인 물품이 관세법 제97조(재수출면세) 및 관세법 시행규칙 제50조(재수출면세대상물품 및 가산세징수대상물품)에 의거 재수출면세 대상물품으로 기존 실적이 말해줍니다. 재수출면세 대상물품에 해당하는 경우 수입물품의 용도설명서, 재수출사유서 등을 세관에 제출합니다.

그런데 동행 관세사무소에서 경험한 사례는 수출입 업체의 담당자와 동행 관세사무소의 담당자가 판단하는 재수출면세 대상물품의 재수출면세 사유가 상이하였습니다. 수입물품의 재수출면세 사유를 수출물품의 포장용품으로 판단하고 감면 신청하였습니다. 이 경우 별도의 담보 설정이 필요 없습니다. 담당 세관 반장님과 협의합니다.

그리고 그 다음 수입신고 시 동행 관세사무소의 담당자와 세관 반장님이 판단하는 재수출면세 대상물품의 재수출 면세 사유가 상이하였습니다. 수입물품의 재수출면세 사유를 수리를 위한 물품으로 판단하고 감면 신청하였습니다. 이 경우 별도의 담보 설정이 필요합니다. 담당 세관 반장님과 협의합니다.

또한 몇 번의 수입신고가 진행되다 보니 담당 세관 반장님마다 재수출면세 대상물품의 재수출 면세 사유가 상이하였습니다. 그 다음 수입신고 시 담당 세관 반장님은 수입물품이 재수출면세 대상물품의 재수출 면세 사유에 해당하지 않는다고 판단합니다. 감면 신청하지 아니하고 물품의 용도, 재질 등 검토 후 HS분류하여 수입신고를 진행하였습니다. 담당 세관 반장님과 협의합니다.

이와 같이 수입물품이 동일물품, 동일용도 그리고 동일사유 등을 내재하지만 수입신고의 형태가 각각 달랐습니다. 정정 등을 통하여 수입신고의 형태를 일관되게 통일할 필요가 있습니다. 업무 공유 및 미팅을 즉각 진행합니다.

결론은 이금성 책임 컨설턴트(제36회 관세사 시험 합격)가 조세심판원의 사례를 찾았습니다. 수입신고 실적을 일관되게 정정 진행합니다. 관세사무소의 업무는 절대 쉽지 않은 업무입니다. 동행 관세사무소는 그 어려운 걸 자꾸 해냅니다.

3.
(수입신고) 先통관! 後심사!
어떻게 생각하십니까?

수입신고필증의 하단 부분 66번 '세관기재란'에는 이런 문구가 있습니다. 무시무시한 문구입니다.

- 사후심사결과에 따라 적용세율 변경될 수 있음.

다시 언급하겠습니다. 세이노의 『세이노의 가르침』 책을 읽으면 대한민국에서 가장 무서운 법은 관세법이라는 문구가 있습니다. 관세사가 직업인 저는 이 내용을 완전 공감하고 있습니다.

先통관! 後심사! 여러분은 어떻게 생각하십니까? 여러분도 많이 아시다시피 先통관 後심사 체제에서는 여러 문제점이 발생할 수 있습니다.

수입업체 입장에서는 추후 세관으로부터의 추징이 발생할 경우 수입물품이 이미 판매가 다 되었다면 추가 세액만큼의 판매원가 반영이 어렵습니다. 기업이 어려움에 직면할 수 있습니다.

세관으로부터의 추징이 발생할 경우 화주와 관세사무소 간의 책임 문제, 관세사무소와 포워더 간의 책임 문제, 화주와 포워더 간의 책임 문제 등이 발생할 수 있습니다.

관세사 입장에서는 빠른 통관을 진행하기에 충분히 검토할 시간이 부족할 수 있습니다. 이에 따른 리스크를 담은 통관 보수료보다 빠른 통관에 맞는 보수료로 관세사 간의 경쟁이 심합니다.

기타 등등……

훌륭한 관세사님들이 공개 자리에서 先통관 後심사 체제의 문제점을 언급하고 있습니다. 이와 같은 문제점을 보완하기 위한 先통관 後심사 체제의 개선이 필요하지 않을까요? 개선이 이루어지고 있으나 많이 고민되는 부분입니다.

4.
(수입신고) 업무 실수입니다

수입신고 시 관세감면 신청서를 작성하는 경우가 있습니다. 감면부호가 상당히 많습니다. 자주 접하지 않는 감면부호가 무엇이 있을까요? 예를 들어 감면부호 'E121030200'을 살펴볼까요? 감면부호를 클릭하니 '조세특례제한법 제121조의3 제2항 및 시행령 제116조의5 제2항 해당물품'이라고 표기되어 있습니다.

조세특례제한법 제121조의3(관세 등의 면제) (필요 부분만 발췌)

② 제121조의2 제1항 제2호의2부터 제2호의5까지, 제2호의8, 제2호의9 및 제3호의 사업에 필요한 자본재 중 대통령령으로 정하는 자본재가 「외국인투자 촉진법」 제2조 제1항 제4호 가목1)에 따른 외국인투자를 하기 위하여 같은 법 제5조 제1항 및 제2항에 따라 신고된 내용에 따라 도입되는 경우에는 관세를 면제한다.

조세특례제한법 시행령 제116조의5 (필요부분만 발췌)

② 법 제121조의3 제2항에서 "대통령령으로 정하는 자본재"란 법 제121
조의3 제1항 각 호의 어느 하나에 해당하는 자본재 중 법 제121조의2에 따
라 법인세, 소득세, 취득세 또는 재산세가 감면되거나 「지방세특례제한법」
제78조의3에 따라 취득세 또는 재산세가 감면되는 사업에 직접 사용되는
것으로서 「외국인투자촉진법」 제5조에 따른 신고를 한 날부터 5년(공장설립
승인의 지연 및 그 밖의 부득이한 사유로 인하여 같은 기간 이내에 수입신고를 완료할
수 없는 경우로서 그 기간이 종료되기 전에 기획재정부장관에게 연장 신청하여 승인
을 받은 경우에는 7년으로 한다) 이내에 「관세법」에 따른 수입신고가 완료된 것
을 말한다.

수입통관 사무처리에 관한 고시 별지 제9호 서식인 관세감면
신청서를 작성하는 경우 사용(설치)장소, 용도, 사후관리 세관 등
사후관리 정보를 입력합니다. 그런데 자주 접하지 않는 관세감면
신청서를 작성하는 경우 사용(설치)장소를 본사 소재지로 작성한
것입니다. 여기서 업무 리스크가 발생합니다.

관세법 제108조(담보 제공 및 사후관리) (필요 부분만 발췌)

② 이 법이나 그 밖의 법률·조약·협정 등에 따라 용도세율을 적용(제83
조 제1항 단서에 해당하는 경우는 제외한다)받거나 관세의 감면 또는 분할납부
를 승인받은 자는 대통령령으로 정하는 바에 따라 해당 조건의 이행 여부
를 확인(이하 이 조에서 **사후관리**라 한다)하는 데에 필요한 서류를 세관장에
게 제출하여야 한다.

관세법 시행령 제132조(감면 등의 조건이행의 확인)

① 세관장은 용도세율의 적용, 관세의 감면 또는 분할납부의 승인을 받은 물품에 대하여 관세청장이 정하는 바에 따라 당해 조건의 이행을 확인하기 위하여 필요한 조치를 할 수 있다.

② 법 제108조 제2항에 규정하는 서류는 관세청장이 정하는 바에 따라 통관세관장 또는 관할지세관장에게 제출하어야 힌디.

관세법 제277조(과태료) (필요 부분만 발췌)

⑦ 다음 각 호의 어느 하나에 해당하는 자에게는 100만원 이하의 과태료를 부과한다.

4. 제107조 제4항, **제108조 제2항**, 제138조 제2항·제4항, 제141조 제2호, 제157조의2, 제162조, 제179조 제2항, 제182조 제1항(제205조에서 준용하는 경우를 포함한다), 제183조 제2항·제3항, 제184조(제205조에서 준용하는 경우를 포함한다), 제185조 제2항(제205조에서 준용하는 경우를 포함한다), 제245조 제3항 또는 제254조의2 제2항 및 제3항을 위반한 자

업무 리스크가 현실이 될 경우(업무 실수가 발생하면)에는 통관보수료가 과태료로 납부됩니다. 이 역시 쉽지 않은 업무입니다.

5.
(반송신고) 누가 챙겨야 할까요?

반려동물을 가족 구성원으로 생각하는 펫팸족(Pet과 Family의 합성어)이 증가함에 따라 사료 시장의 규모도 증가하고 있습니다.

동행 관세사무소의 거래업체에서 사료를 수입하고자 합니다. 축산물 검역 창고에서 검역을 진행하였으나 검역 불합격 통보를 받았습니다. 거래업체에서 반송을 한다고 합니다. 반송신고필증을 받아 콘솔창고로 보세운송을 하여야 합니다. 그 이후 CY 적입작업이 이루어지겠죠.

축산물 검역 창고 → 콘솔창고 → CY

이와 같은 절차는 일반적으로 관세사무소에서 알고 있다고 생각합니다. 하지만 검역 불합격 통보를 받은 경우 이동 전 각 단계에서 검역관의 확인을 받아 적입을 하여야 합니다. 즉 반송신고필증을 가지고 콘솔창고로 보세운송 전에 검역관의 확인을 받아야 합니다. 또한 사유서와 반송이행계획서를 제출하여야 합니다.

이동 전 각 단계에서 검역관의 확인을 받는 부분은 관세사무소, 검역업체 그리고 창고업체에서 놓치기 쉬운 부분입니다. 관세사무소의 업무 담당자는 이 부분을 알고 있을까요? 검역업체의 업무 담당자는 이 부분을 알고 있을까요? 또한 창고업체의 업무 담당자는 이 부분을 알고 있을까요? 누가 챙겨야 할까요?

검역소에 선적 후에는 ON BOARD DATE, 선사 SEAL 번호, 검역사 SEAL 번호가 기재된 B/L을 제출합니다. 이 역시 쉽지 않은 업무입니다.

6.
(반송신고) 세관 조사과입니다

동행 관세사무소의 거래업체인 OO포워더에서 TT업체 물품의 반송신고를 의뢰합니다. 다시 말해 물품이 중국에서 인천공항에 도착한 후 수입신고하지 아니하고 타국으로 반송되는 것입니다. 몇 번의 반송신고를 진행하였습니다. 반송신고서에도 원산지를 입력하므로 동행 관세사무소에서 OO포워더로 이메일을 통하여 묻습니다.

안녕하세요. 동행 관세사무소입니다.
'제품 원산지 확인을 바랍니다.'

'한국산입니다.'

그 다음 반송신고 건도 묻습니다.

안녕하세요. 동행 관세사무소입니다.
'제품 원산지 확인을 바랍니다.'

'이번에 진행되는 반송 건도 지난 반송 건과 동일하게 원산지는 한국산입니다.'

동행 관세사무소는 생각했습니다. 본 물품은 최초 대한민국에서 중국으로 수출되었으나 중국에서 판매되지 않은 물품이 다시 중국에서 대한민국 인천공항에 입항하여 반송되는 것으로 생각했습니다. OO포워더에서 한국산이라고 회신이 왔으니 합리적인 생각이라고 판단합니다. 돌이켜 보면 대한민국에서 중국으로 수출할 때의 최초 수출신고필증을 요청하였어야 합니다. (재수입할 경우에는 최초 수출신고필증을 요청하겠지만…)

네 번째 반송신고를 할 때 세관검사가 걸렸습니다. 물품을 확인하니 한국산이 아닌 중국산입니다. 세관에서는 동행 관세사무소에 왜 한국산으로 반송신고하였는지 물어보았고 동행 관세사무소는 OO포워더에서 동행 관세사무소로 보낸 이메일을 근거로 답변하였습니다. 세관 통관과에서 조사과로 업무는 이관되고 TT

업체는 조사를 받았습니다. 조사가 어떻게 마무리되었는지는 몰라도 OO포워더는 TT업체에서 한국산이라고 회신이 와서 답변했다고는 합니다. OO포워더 또는 TT업체 중 누군가는 거짓말을 한다고 생각하십니까? 혹시 고의성이 보이시나요?

아래는 원산지 위반에 따른 과징금 규정입니다.

대외무역법 (필요 부분만 발췌)

제33조(수출입 물품 등의 원산지의 표시)

④ 무역거래자 또는 물품 등의 판매업자는 수출 또는 수입 물품 등 및 제35조에 따른 국내생산물품 등에 대하여 다음 각 호의 어느 하나에 해당하는 행위를 하여서는 아니 된다. 다만, 제2호 및 제3호에 따른 금지행위는 수입 물품 등에 한정한다.

1. <u>원산지를 거짓으로 표시하거나</u> 원산지를 오인(誤認)하게 하는 표시를 하는 행위
2. 원산지의 표시를 손상하거나 변경하는 행위
3. 원산지표시대상물품에 대하여 원산지 표시를 하지 아니하는 행위
4. 제1호부터 제3호까지의 규정에 위반되는 원산지표시대상물품을 국내에서 거래하는 행위

제33조의2(원산지의 표시 위반에 대한 시정명령 등)

① 산업통상자원부장관 또는 시·도지사는 제33조 제2항부터 제4항까지의 규정을 위반한 자에게 판매중지, 원상복구, 원산지 표시 등 대통령령으로 정하는 시정조치를 명할 수 있다.

② 산업통상자원부장관 또는 시·도 지사는 제33조 제2항부터 제4항까지의 규정(제33조 제4항 제4호는 제외한다)을 위반한 자에게 <u>3억원 이하의 과징금</u>을 부과할 수 있다.

③ 제2항에 따라 과징금을 부과하는 위반행위의 종류와 정도에 따른 과징금의 금액과 그밖에 필요한 사항은 대통령령으로 정한다.

대외무역법 시행령 (필요 부분만 발췌)

제60조(과징금을 부과할 위반행위의 종류와 과징금의 금액)

① 법 제33조의2 제2항에 따라 과징금을 부과하는 위반행위의 종류와 위반 정도에 따른 과징금의 금액은 **별표 2**와 같다.

② 산업통상자원부장관 또는 시·도지사는 해당 무역거래자 등의 수출입 규모, 중소기업 여부, 위반 정도 및 위반 횟수 등을 고려하여 제1항에 따른 과징금 금액의 2분의 1의 범위에서 가중하거나 경감할 수 있다. 다만, 가중하는 경우에도 과징금의 총액은 3억원을 넘을 수 없다.

■ 대외무역법 시행령 [별표 2]

위반행위의 종류와 과징금의 금액(제60조 제1항 관련)

위반행위	근거 법조문	과징금 금액
3. 무역거래자 또는 물품 등의 판매업자가 법 제33조 제4항 제1호를 위반하여 물품 등의 원산지를 거짓으로 표시하거나 원산지를 오인(誤認)하게 하는 표시하는 행위	법 제33조의2 제2항	**해당 위반물품 등의 수출입 신고금액**(판매업자의 경우에는 판매한 물품 등과 판매하지 아니한 물품 등을 구분하여 판매한 물품 등의 매출가액과 판매하지 아니한 물품 등의 매입가액을 합한 금액을 말한다) **의 100분의 10에 해당하는 금액이나 3억원 중 적은 금액**

원산지표시제도 운영에 관한 고시 (필요 부분만 발췌)

제35조(범칙조사 의뢰)

① 세관공무원은 무역거래자 또는 물품 등의 판매업자 등이 다음 각 호의 어느 하나에 해당하는 행위를 한 때에는 별표 12에 따라 범칙조사부서에 범칙조사 의뢰해야 한다.

1. 원산지를 허위로 표시하거나 손상·변경한 경우

7.
선용품! 낯설다

관세법 (필요 부분만 발췌)

제2조(정의) 이 법에서 사용하는 용어의 뜻은 다음과 같다.

10. "선박용품"이란 음료, 식품, 연료, 소모품, 밧줄, 수리용 예비 부분품 및 부속품, 집기, 그밖에 이와 유사한 물품으로서 **해당 선박에서만 사용되는 것**을 말한다.

선박용품 등 관리에 관한 고시 (필요 부분만 발췌)

제4조(반입등록) 공급자 등이 외국 선박용품 등을 보세구역에 반입한 때에는 관할지 세관장에게 별지 제1호 서식의 반입 등록서를 제출해야 한다. 다만, 공급자 등이 하선완료보고 하였거나 보세운송하여 도착 보고한 물품은 반입 등록한 것으로 갈음한다.

제7조(외국 선박용품 등)

① 공급자 등이 외국물품인 선박용품 등의 적재 등 허가를 받고자 하는 때에는 해당 국제무역선이 정박한 지역의 관할 세관장에게 별지 제3호부터 제5호까지 서식의 신청서를 제출해야 한다.

제8조(내국 선박용품 등) 공급자 등이 내국 선박용품 등의 적재 등 허가를 받으려는 때에는 해당 국제무역선이 정박한 지역의 관할 세관장에게 별지 제8호부터 제10호까지 서식의 신청서를 제출해야 한다.

관세법 제2조(정의)에 의거 "선박용품"이란 음료, 식품, 연료, 소모품, 밧줄, 수리용 예비 부분품 및 부속품, 집기, 그밖에 이와 유사한 물품으로서 해당 선박에서만 사용되는 것을 말합니다. 그리고 선박용품 등 관리에 관한 고시 제4조 등에 의거 제반 절차를 이행합니다.

동행 관세사무소의 거래업체에서 외국에 거주하는 손님에게 보낼 선물용 물품을 선박용품으로 적재 허가를 받고자 합니다. 선물용 물품은 선박용품의 정의에 부합하지 아니하기 때문에 일반 수출신고를 하여야 한다고 안내하였습니다.

선박용품! 항공기용품! 차량용품! 낯설게 느껴지는 용어입니다.

8.
(수출신고) '전자상거래 풀필먼트'
VS '위탁판매수출'

전자상거래 플랫폼이 많이 생겨 수출신고 시 거래구분을 전자상거래 풀필먼트(17)로 수출신고하는 경우도 증가하였고 여전히 위탁판매를 위한 물품(31)의 수출신고도 있습니다. 아래와 같이 수출신고 진행하는 경우 수출관리 부호가 구분됩니다.

거래구분	수출관리 부호
전자상거래 풀필먼트	17
위탁판매를 위한 물품의 수출	31

제42조(잠정수량신고 · 잠정가격신고 대상물품의 수출신고)

① 배관 등 고정운반설비를 이용하여 적재하는 경우 또는 제조공정상의 이유 및 국제원자재 시세에 따른 금액이 사후에 확정되어 수출신고 시에 수량이나 가격 확정이 곤란한 물품 중 다음 각 호의 어느 하나에 해당하는 물품을 수출하려는 자는 별지 제1호 서식에 의거 수출신고 시에 적재예정수량 및 금액을 신고하고, 적재완료일로부터 수량의 경우 5일, 금액의 경우 180일이 경과하기 전까지 별지 제2호 서식에 따라 실제 공급한 수량 및 금액을 신고할 수 있다.

1. 가스
2. 액체
3. 전기
4. HS 제50류부터 제60류까지 중 직물 및 편물
5. HS 제71류부터 제83류까지의 귀금속 및 비금속제 물품
6. **전자상거래 수출물품**
7. **위탁판매 수출물품**
8. 그밖에 계약의 내용이나 거래의 특성상 잠정수량 또는 잠정가격으로 신고하는 것이 불가피하다고 세관장이 인정하는 물품

② 제1항에도 불구하고 제1항 제6호 및 제7호에 따른 물품은 **수출신고 시에 적재예정금액을 신고하고 판매금액 확정일 또는 판매대금 입금일로부터 60일이 경과하기 전까지 별지 제2호 서식의 수출신고 정정신청서로 실제 공급한 금액을 신고할 수 있다.**

　수출 및 반송통관에 관한 고시 제42조 제2항에 의거 전자상거래 수출물품과 위탁판매 수출물품은 수출신고 시에 적재 예정금액을 신고하고 판매금액 확정일 또는 판매대금 입금일로부터 60일이 경과하기 전까지 별지 제2호 서식의 수출신고 정정신청서로 실제 공급한 금액을 신고할 수 있습니다. 동행 관세사무소는 수출관리 부호 '17' 또는 '31'로 수출신고 진행하는 경우 거래업체에 수출 및 반송통관에 관한 고시 제42조 제2항을 안내하고 있습니다. 하지만 조항의 문구가 '신고하여야 한다.'가 아닌 '신고할 수 있다.'인지 정정을 요청하는 경우는 드뭅니다. 단순히 거래업체에 수출신고필증만 보내지 말고 관련 고시 등의 문구를 기재하여 안내 이메일을 보내는 것이 서비스 향상이 아닐까요?

9.
(수출신고) '일반수출'
VS '위탁판매수출'

RING! RING! 동행 관세사무소의 거래업체인 포워더 담당자로부터의 전화입니다. 가끔 업체에서 일반수출과 위탁판매 수출의 개념을 다소 헷갈려 하는 경우가 있습니다.

대외무역관리규정 제2조(정의) (필요 부분만 발췌)

이 규정에서 사용하는 용어의 뜻은 다음과 같다.

4. "위탁판매수출"이란 물품 등을 무환으로 수출하여 해당 물품이 판매된 범위 안에서 대금을 결제하는 계약에 의한 수출을 말한다.

위탁판매수출의 정의는 이와 같은데 수출자의 입장에서는 구매자에게 판매하는 일반수출을 위탁수출이라고 착각하는 경우가 있습니다. 이유는 구매자가 수입하여 소비자 등에게 판매를 하기에, 즉 수출자가 직접 소비자 등에게 판매하지 않기에 위탁하여 판매한다고 착각하는 것입니다.

일반수출은 구매자가 물품대금을 전액 결제하는 것이고, 위탁판매수출은 해당 물품이 판매된 범위 안에서 대금을 결제하는 것입니다.

10.
(수출신고) 느낌 아니까!

수출업체가 대한민국의 D 등의 소매점에서 물품을 구입한 후 수출신고를 진행하는 경우가 있습니다. 다품종 소량의 화물입니다. 다품종으로 HS분류에 시간이 다소 소요됩니다. 또한 다품종의 원산지 확인이 필요합니다. 원산지 확인 부탁드립니다! 수출업체의 담당자가 다소 격양된 모습을 보입니다. 관세사님! 그 많은 물품의 원산지를 어떻게 확인합니까?

수출업체의 수출실적이 많지 않고 수출신고서의 '란'이 많아 검사 확률이 높습니다. 수출업체 측에서는 귀찮고 짜증나지만 동행 관세사무소에서 설득하여 하나하나 원산지 확인을 하여 수출신고를 진행합니다. 네, 세관검사입니다.

느낌 아니까! 확실히 업무 진행해야 합니다.

11.
‘수출대행자’ VS ‘수출화주’, ‘수입자’ VS ‘납세의무자’

통관 프로그램에서 수출입신고서를 작성하는 경우에 수출신고서 ②번 항목에는 ‘수출대행자’와 ‘수출화주’를 입력하고 수입신고서 ⑪번 항목에는 ‘수입자’, ⑫번 항목에는 ‘납세의무자’를 입력합니다.

아래는 통관 프로그램인 레디코리아의 화면입니다.

수출대행자 / 수출화주	
수출대행자	
수출자구분 A	통관부호
수출 화주	
화주 성명	소재지
기본 주소	
상세 주소	
사업자번호	통관부호
대행사코드	

수입자
코   드   수입자구분
상   호
통관부호

납세의무자
코   드
상   호
대 표 자   번호확인
사업번호   종사업장
통관부호   소 재 지
주   소

서울시 용산구에 위치한 OO업체와 미팅을 진행하며 담당자가 저에게 묻습니다. 관세사님! 저희가 알지 못하는 XX업체가 저희를 수출화주로 하여 수출신고를 하였습니다. 가능한 일인가요?

수출대행자	수출화주
XX업체	OO업체

본 수출신고는 XX업체가 진행하면서 OO업체 브랜드의 물품을 수출하였기에 XX업체의 담당자가 업무를 잘 몰라 위의 형태로 수출신고가 진행된 것으로 파악됩니다. OO업체의 매출이 아니기에 수출신고필증 정정을 해야 합니다. OO업체는 XX업체에 전화를 하여 정정을 이야기합니다.

서울시 종로구에 위치한 SS업체와 미팅을 진행하며 담당자가 저에게 묻습니다. 관세사님! 저희가 물품을 판매한 ZZ업체가 저희를 수출화주로 하여 수출신고를 하였습니다. 가능한 일인가요?

수출대행자	수출화주
ZZ업체	SS업체

본 수출신고 전에 SS업체가 물품을 ZZ업체에 판매가 된 내국거래가 완료된 물품입니다. 물품의 주인은 ZZ업체입니다. 본 수출신고는 ZZ업체가 진행하면서 SS업체 브랜드의 물품을 수출하였기에 ZZ업체의 담당자가 업무를 잘 몰라 위의 형태로 수출신고가 진행된 것으로 파악됩니다. SS업체의 입장에서는 내국거래의 매출이 이미 발생하였고 수출신고에 대한 매출이 발생하면 이중 매출이 발생되는 것이기에 수출신고필증 정정을 해야 합니다. SS업체는 ZZ업체에 전화를 하여 정정을 이야기합니다.

서울시 강남구에 위치한 DD업체에서 동행 관세사무소로 연락이 왔습니다. DD업체는 동행 관세사무소와 직접 연락하지 않고 포워더를 통하여 수입업무가 진행되는 업체였습니다. 포워더를 통하여 서류를 받았는데 B/L, 인보이스, 패킹리스트 등 선적

서류의 수입자는 DD업체였습니다. 수입자와 납세의무자는 모두 DD업체로 입력하여 수입신고 수리되었습니다. 그런데 DD업체에서 연락이 온 이유는 DD업체는 수입대행자의 지위이고 납세의무자는 AA업체이기에 정정이 필요하다는 것입니다. 동행 관세사무소는 선적서류를 보았을 때 AA업체의 존재를 알 수 없었고 또한 포워더에서도 수입대행계약서를 보내주지 않았기에 AA업체의 존재를 알 수 없었습니다. DD업체에서 빠른 정정을 동행 관세사무소에 요구합니다. 쉽지 않은 정정입니다.

이와 같은 경우가 관세사 업계에서 종종 발생합니다. 관세사무소는 수출입대행(위탁)계약서를 득하지 않는 이상 수출입대행 등의 거래 관계를 파악함에 있어 어려움이 있습니다.

아래는 수입대행계약서 샘플입니다.

수 입 대 행 계 약 서 (SAMPLE)

수입대행자(갑) : DD업체
수입위탁자(을) : OO업체

상기 당사자 간에 다음 조항에 의거 수입대행계약을 체결함에 있어 편의상 수탁자를 '갑'이라 칭하고 위탁자를 '을'이라 칭한다.

- 다음 -

제1조 갑은 을의 요청에 의하여 다음 상품을 수입 대행한다.

품 명	규 격	수 량	단 가	금 액	원산지	비 고

제2조 확정 오퍼는 을의 부담으로 하고 본 건 대행수수료는 총 수입금엑의 1%를 을은 갑에게 지불하기로 한다.

제3조 을이 제시한 확정 오퍼로 인하여 발생하는 사고 및 법규에의 저촉, 편의상 갑의 명의로 관공서에 제출되는 각서, 기타 증빙서류에 대한 책임 및 천재지변 등 불가항력으로 발생하는 손해에 대해서는 을이 부담하고 갑은 이에 대한 책임을 지지 아니하고 수입대금 및 각종세금을 을이 지불하여야 한다.

제4조 을은 수입신용장 개설 및 통관 시 소요되는 제세공과금과 부대비용 일체를 부담한다.

제5조 을은 수입허가 유효기일 이전에 수입통관을 완료하기 위한 조치를 취하여야 하며, 이의 불이행으로 인하여 발생하는 과태료 및 행정상의 제반책임은 을이 부담하여야 한다.

제6조 본 계약상 갑과 을 간에 이의가 있을 시는 일반 상관례에 따른다. 본 계약서 2통을 작성하고 각자 이에 서명 날인하여 1통씩 보관키로 한다.

2025년 00월 00일

수입대행자 (갑) : DD업체
수입위탁자 (을) : OO업체

12.
FTA 원산지증명서 확보 후 수입신고하세요

삑! 삑! 팩스가 울립니다. OO세관에서 보낸 팩스입니다. 아래는 OO세관 공문(대국민 공개)의 일부 내용입니다.

제목 한·중 FTA 협정세율 적용 관련 원산지증명서 구비 여부 확인 계획 통보

1. 귀 회(사)의 무궁한 발전을 기원하며 우리세관의 관세행정 발전에 적극 협조하여 주신 데 대하여 감사드립니다.

2. 『대한민국 정부와 중화인민공화국 정부 간의 자유무역협정』 (이하 "한·중 FTA"라 함)에 따라 과세가격이 미화 700 달러 또는 그 당사국의 통화로 이에 상당하는 금액을 초과하지 아니하는 물품에 대하여는 원산지증명서 (C/O)의 제출 요건을 면제하고 있습니다.

3. 그러나, 일부 화주 등이 미화 700 달러 또는 그 상당액에 해당하는 물품을 수입신고하면서 원산지증명서(C/O)가 없음에도 불구하고 한·중 FTA에 의한 협정 세율의 적용을 신청하는 사례가 지속적으로 발생하고 있어,

4. 우리세관에서는 한·중 FTA에 의해 협정세율 적용을 신청한 신고 건에 대한 원산지증명서 구비 여부를 확인('00년 00월 중)할 예정으로 원산지증명서가 없음에도 협정세율 적용을 신청한 것이 확인된 경우에는 관련 규정에 따라 조치할 예정이니,

5. 각 신고인(관세사)께서는 한·중 FTA에 의해 협정세율을 적용한 신고 건에 대하여 원산지증명서(C/O) 유무를 확인하여 원산지증명서가 없는 경우에는 수정신고 등 자율적으로 시정 조치를 하여 검증에 따른 불이익을 받지 않도록 유의하여 주시기 바랍니다.

= 아 래 =

생략

관세사! 깜짝 깜짝 놀라는 직업입니다. 아래는 대한민국 정부와 중화인민공화국 정부 간의 자유무역협정의 일부 내용입니다.

대한민국 정부와 중화인민공화국 정부 간의 자유무역협정 (필요 부분만 발췌)

제3장 원산지 규정 및 원산지 이행절차

제3.19조 원산지 증명서 제출 의무 면제

1. 이 장에 따라 특혜관세대우를 부여하는 목적상, 당사국은 과세가격이 미화 700달러 또는 그 당사국의 통화로 이에 상당하는 금액을 초과하지 아니하는 원산지 상품의 탁송에 대하여, 원산지증명서의 제출 요건을 면제한다.

2. 제1항에 규정된 면제는, 수입 당사국의 관세당국이 그 수입이 원산지 증명서 제출을 회피하기 위한 목적으로 수행되었거나 주선되었다고 합리적으로 간주될 수 있는 일련의 수입의 일부를 구성한다고 입증하는 경우에는 적용 가능하지 아니하다.

이 조항과 관련하여 관세사무소에서 '원산지증명서의 제출 요건을 면제한다.' 부분을 해석할 때 원산지증명서의 제출 요건을 면제하기에 원산지증명서의 확보 없이도 협정세율 적용을 진행한 관세사무소가 어느 정도 있다고 생각합니다. 참으로 챙길 것이 많습니다.

저의 직업은 관세사입니다.

13.
⒡⒯⒜ 'CO-PASS'를 말하다

2004년 4월 1일 한-칠레 FTA 발효를 시작으로 대한민국은 동시다발적으로 FTA를 체결 및 발효하기 시작하였습니다. 많은 FTA 발효 국가에서 발행한 원산지증명서는 'CO-PASS'(E-CO 교환·관리·지원시스템) 사이트를 통해 조회 가능합니다. 예를 들어 인도네시아에서 발급한 원산지증명서가 조회 가능합니다. 대한민국과 인도네시아는 한-인도네시아 CEPA 관련 '원산지증명서 전자교환 시스템(EODES, Electronic Origin Data Exchange System)'을 구축하여 2024.2.29.부터 운영하고 있습니다. 인도네시아에서 발행한 원산지증명서의 진위 여부 확인을 위하여 'CO-PASS' 사이트를 통해 조회하였으나 조회가 되지 않았습니다. 그런데 원산지증명서 상의 QR코드를 찍으면 원산지증명서의 이미지가 보였습니다. 그리고 인도네시아 통상부 사이트(https://ska.kemendag. go.id/verification-coo)를 통해서는 조회가 되었습니다. OO세관에 문의하니 'CO-PASS' 사이트에 반영된 것을 진품으로 판단하지는 않는다고 답변합니다. 다소의 시간 차가 있을 수 있습니다.

아래는 '관세청 FTA 포털' 사이트의 'CO-PASS' 화면입니다.

14.
(요건) 자가소비용 화장품의 근거 규정을 찾아라

여행자가 휴대한 자가소비용으로 인정할 수 있는 수입식품 등은 수입식품 안전관리 특별법 시행규칙 [별표 8의2]에 의거 식품 수입신고를 하지 않을 수 있습니다. 즉 흔히 말하는 검역을 받지 않습니다.

수입식품안전관리 특별법 시행규칙 [별표 8의2] (필요 부분만 발췌)

수입신고를 하지 않을 수 있는 수입식품 등

2. 여행자가 휴대한 것 또는 국제우편물·국제특송화물(수입식품 등 인터넷 구매대행업의 영업등록을 한 자에게 요청하여 수입하는 경우는 제외한다) 등으로서 자가소비용으로 인정할 수 있는 수입식품 등

요건 관련하여 자가소비용 수입식품의 경우 명확한 규정이 있으나 자가소비용 화장품의 경우 명확한 규정을 찾을 수 없었습니다. 다시 말해서 여행자가 휴대한 자가소비용으로 인정할 수 있는 화장품은 표준통관예정보고를 하지 않을 수 있다는 규정을 찾고 싶었습니다. 즉 자가소비용으로 인정할 수 있는 화장품을 수입신고 진행하는 경우 요건인 표준통관예정보고의 '비대상' 입력의 근거를 찾고 싶었습니다.

아래는 통관 프로그램인 레디코리아의 화면입니다.

0	번호	법령	발급일자	발급번호	발급서류명	용도코드	품목식별부호
▶							

당사에서 국민신문고 질의를 하였습니다. (2023.12.15.)

> **민원제목 : 개인 명의로 화장품 수입 시 화장품법에 따른 표준통관예정보고에 대한 질의**
>
> 사업자가 화장품을 수입하는 경우 화장품법에 따라 표준통관예정보고서를 발급받고 수입신고하는 것으로 알고 있습니다.
>
> 다만 개인이 여행 중에 외국에서 화장품을 구입하여 귀국하거나, 해외 직구하는 경우에는 따로 표준통관예정보고서를 받지 않고 수입이 이루어

지는 경우가 많은 것 같습니다.

이와 관련하여 하기 사항에 대해 질의 드립니다.

1. 개인은 화장품법 적용 대상이 아닌지
2. 개인의 경우 표준통관예정보고서 없이 목록통관, 간이신고, 일반 수입
   신고에 따른 수입이 가능한지
3. 개인이 표준통관예정보고서 없이 화장품을 수입하는 경우 화장품의
   종류와 수량에는 제한이 없는지
4. 개인이 표준통관예정보고서 없이 화장품을 수입하는 경우 자가 사용
   만 허용되며 판매 또는 임대에는 사용될 수 없는지

식품의약품안전처와 관세청 2개의 기관에서 답변이 왔습니다.

아래는 식품의약품안전처의 국민신문고 질의 처리결과 일부
내용입니다. (2024.1.8.)

1. 안녕하십니까? 귀하께서 국민신문고를 통해 신청하신 민원(신청번호:
○○○-○○○○-○○○○○○○)에 대한 검토 결과를 다음과 같이 알려드립니다.

2. 귀하의 민원내용은 '화장품 수입통관'에 관한 것으로 판단됩니다.

3. 귀하의 질의사항에 대해 검토한 의견은 다음과 같습니다.

　가. 『화장품법』 제3조, 같은 법 시행령 제2조 및 같은 법 시행규칙 제4조에 따라 직접 또는 화장품 제조업자에게 위탁하여 제조된 화장품이나 수입한 화장품을 유통·판매하려는 자 및 수입대행형 거래를 알선·수여(구매대행)하려는 자는 소재지 관할 지방식약청에 화장품책임판매업을 등록하여야 합니다.

　- 다만, 개인이 사용할 목적으로 외국에서 화장품을 구입한 후 귀국 시 가져오는 경우나 해외 사업자가 해외에서 해외 물품을 국내로 직배송하는 경우는 국내 화장품 법령에 따른 영업 등록 대상에 해당하지 않는 것으로 사료됩니다.

　- 참고로 같은 법 제36조에 따라 누구든지 『화장품법』 제3조 제1항에 따른 등록을 하지 아니한 자가 제조한 화장품 또는 제조·수입하여 유통·판매하는 행위를 금지하고 있으며 이를 위반할 경우 3년 이하의 징역 또는 3천만원 이하의 벌금에 처해질 수 있음을 알려드립니다.

　나. 또한, 같은 법 제5조 및 같은 법 시행규칙 제12조에 따라 화장품책임판매업자는 화장품을 수입할 때마다 『대외무역법』에 따른 수출·수입요령을 준수하여야 하며, 『전자무역 촉진에 관한 법률』에 따른 전자무역문서로 표준통관예정보고를 하여야 합니다.

　수입 시 관련 구비서류 및 세부절차 등에 관해서는 통관 업무를 담당하고 있는 한국의약품수출입협회(02-2162-8000)로 문의하시어 도움 받으시길 바랍니다.

= 아 래 =

생략

아래는 관세청의 국민신문고 질의 처리결과 일부 내용입니다.
(2023.12.28.)

> 1. 안녕하십니까? 귀하께서 국민신문고를 통해 신청하신 다부처 민원(신청번호 000-0000-0000000)의 내용 중 관세청 소관 사항에 대한 검토결과를 다음과 같이 안내해드립니다.
>
> 2. 귀하의 민원 내용은 '개인이 표준통관예정보고서 없이 화장품을 수입할 때 수입 신고의 유형'에 대해 문의하신 것으로 이해됩니다.
>
> 3. 귀하의 질의에 대하여 다음과 같이 답변 드립니다.
>
> 가. 일반적으로 개인이 특송 및 국제우편을 통해 전자상거래 물품을 수입하는 경우에는 『관세법』 제254조(전자상거래물품의 특별통관 등)와 『전자상거래물품의 특별통관에 관한 고시』에 따라 목록통관이나 간이신고가 가능합니다.
>
> ○다만, 일부 화장품(기능성화장품, 태반함유화장품, 스테로이드제 함유화장품 및 성분미상 등 유해화장품에 한함)은 『특송물품 수입통관 사무처리에 한한 고시』 별표 1과 별표 2 및 『전자상거래물품의 특별통관에 관한 고시』 제6조(수입신고 등)에 따라 목록통관 또는 간이신고가 배제되므로 일반 수입신고를 하여야 합니다.
>
> 나. 개인이 화장품을 수입하는 경우에 표준통관예정보고서를 구비하여야 하는지 여부 및 그 외에 개인이 구비하여야 하는 다른 수입요건이 있는지에 대한 판단은 식약처의 소관사항임을 알려드립니다.
>
> = 아 래 =
>
> 생략

식품의약품안전처와 관세청 2개의 기관으로부터의 답변을 보면 자가소비용으로 인정할 수 있는 화장품은 화장품 법령에 따른 영업 등록 대상에 해당하지 않기에 표준통관예정보고를 하지 않으나 기능성 화장품 등 일부 화장품은 목록통관 등이 배제되므로 일반 수입신고를 하여야 합니다. 또한 유통 및 판매하는 행위를 할 수 없습니다.

15.
(요건) 경찰청입니다

역대 최대 마약 밀반입

'대치동 마약 음료수' 주범, 대법서 징역 18년 확정

마약 투약 후 환각 상태서 새벽에 아파트 방화

대학가 동아리 마약 사건

마약 던지기 혐의

마약 탄 음료수 먹고 사망

……

이와 같이 마약 관련 뉴스가 TV, 라디오, 인터넷 등 언론에서 쏟아져 나오고 있습니다.

2018년 동행 관세사무소 개업 초기에 마케팅 및 영업을 위하여 대학교 동창회 등 각종 모임에 열심히 다녔습니다. 홍대입구

역 근처에서 모임이 있어 대학교 선배들을 만났습니다. 처음 만나는 선배에게 인사를 드렸습니다. 얼마 뒤에 그 선배는 저에게 수입통관 의뢰를 하였습니다. 검역이 필요한 물품이기에 검역 완료되어 수입신고까지 완료되었습니다. 그 이후 어느 정도의 시간이 지난 후 검역업체로부터 연락을 받았습니다. 본 물품이 마약류로 사용되어 경찰청으로부터 연락을 받았다는 내용입니다.

관세사 직업! 깜짝 깜짝 놀라는 직업입니다.

16.
(품목분류) 품목분류사전심사를 권유합니다

지난 저서 『저의 직업은 관세사입니다』에서 다음과 같은 글을 쓴 적이 있습니다.

> 식품의 HS번호는 성분 함유량, 가공 정도 및 방법 등으로 인하여 HS번호 분류의 난해함이 있습니다. HS번호에 따라 관세율의 차이도 공산품보다 상대적으로 큽니다. 이러한 이유로 식품 수입업체는 경영의 안정성을 위하여 품목분류사전심사를 많이 이용하고 있습니다.

지난 2023년 10월 국회 보건복지위원회 국정감사에는 최근 아동·청소년들 사이에서 큰 인기를 모으는 간식 '탕후루' 제조업체의 임원이 증인으로 출석했습니다. 보건복지위원회는 과도한 당섭취로 아동·청소년 비만이 늘고 있다는 우려를 탕후루 업체에 전달하고 책임도 요구했습니다.

이와 같은 이슈가 되고 있는 탕후루 완제품을 동행 관세사무소의 거래업체에서 수입하고자 합니다. 또한 일본에서 우동을 수입하고자 합니다. 용어는 우동인데 HS번호 체계에서 우동인지, 라면인지, 국수인지 또는 당면인지 애매합니다. RCEP 세율차가 있기에 심증은 있어도 물증은 없어 거래업체에 충분히 설명하여 품목분류사전심사를 진행하였습니다. 자동차 부분품 및 부속품도 애매합니다. 자동차 부분품 및 부속품인 87류의 HS번호로 분류할지 또는 재질별 HS번호로 분류할지 애매합니다.

경영의 안정성을 위하여 품목분류사전심사를 많이 이용하시기 바랍니다.

17.
비상! 무역 클레임 발생

지난 저서 『여기는 동행 관세사무소 서초 캠퍼스입니다』의 '프린터를 교체해라' 부분에서 언급한 'S'사 이야기입니다. 원산지증명서 발급을 위한 세팅까지 완료되어 수출신고가 몇 번 진행되고 있었으나 언젠가부터 수출신고가 진행되지 않고 있었습니다. 대학교 선배가 근무하는 'S'사이기에 타 관세사무소로 업무 이관은 되지 않았을 거 같은데 혹시 모르니 선배에게 전화를 합니다. RING! RING!

중국으로 수출한 물품 중에서 머리카락이 발견되어 수출이 중단되었다는 내용입니다. 무역 클레임 발생입니다. 사실 원산지증명서 발급을 위한 세팅에 오랜 시간이 걸렸기에 몇 번 수출이 이루어지고 중단된 것이 아쉽고 안타까웠습니다.

무역 클레임 해결의 방법으로 당사자 간의 해결과 제3자의 개입에 의한 해결이 있습니다. 당사자 간의 해결에는 청구권 포기, 화해 등이 있으며 그리고 제3자의 개입에 의한 해결에는 알선, 조정, 중재, 소송 등이 있습니다.

지난 저서 『여기는 동행 관세사무소 서초 캠퍼스입니다』에서 다음과 같은 글을 쓴 적이 있습니다.

그 밖의 관세사무소의 리스크로 화폐단위, 유럽화폐의 소수점 표시, 가산요소 누락 등 많은 리스크 요소가 생각납니다. 업무 리스크 관련 이야기를 하고 싶으나 포기합니다. 관세사무소는 업무 리스크를 줄여야 합니다. 추후에 기회가 된다면 리스크 관련 이야기를 출판하고 싶습니다.

관세사무소는 업무 리스크를 줄여야 한다고 말씀드렸는데 수출입 업체도 업무 리스크 관리가 중요하다고 생각한 사건입니다.

부록

동행 관세사무소의 편지

안녕하십니까? '동행 관세사무소'입니다.

대한민국은 '2018년 평창 동계올림픽대회'로 뜨거웠습니다.

대한민국은 '2018년 FIFA WORLD CUP 러시아'로 뜨거웠습니다.

대한민국은 '2018년 자카르타-팔렘방 아시안 게임'으로 뜨거울 것입니다.

어느덧 2018년도 절반이 지나고 하반기가 시작되었습니다.

'동행 관세사무소'는
2018년도 하반기를 더욱 열심히 & 잘 귀사와 함께 뛰며 감동으로 보답하겠습니다.

"귀사의 진정한 관세 및 무역 동반자"
'동행 관세사무소'입니다.

감사합니다.

안녕하십니까? '동행 관세사무소'입니다.

민족 최대의 명절, '추석'입니다.

어렵다는 말을 많이 합니다.
힘들다는 말을 많이 합니다.

그래도 '추석'입니다.

맛있는 음식은 보약입니다.
가족과의 만남은 힐링입니다.
막히는 도로는 여유입니다.

'추석'은 그 자체로 의미가 있는 명절입니다.
즐겁고 유익한 명절 보내십시오.

'동행 관세사무소'는
2018년도 4분기에도 늘 그래왔듯이 귀사와 함께 뛰며 감동으로 보답
하겠습니다.

"귀사의 진정한 관세 및 무역 동반자"
'동행 관세사무소'입니다.

감사합니다.

謹 賀 新 年

안녕하십니까? '동행 관세사무소'입니다.

기해년 새해에는
많은 사람들이 지하철에서 휴대폰보다 책을 보고
많은 사람들이 외식보다 함께 만든 음식을 맛보면 좋겠다는 소망을 가
져봅니다.

2019년은 '황금 돼지해'입니다.
'오가와 이토'의 소설 〈달팽이 식당〉에 등장하는 '에르메스'라는 돼지
처럼 2019년은 우리 모두에게 따뜻하고 행복한 '돼지해'가 되기를 기
원합니다.

2018년 수고하셨습니다.
2019년 응원하겠습니다.

"귀사의 진정한 관세 및 무역 동반자"
'동행 관세사무소'입니다.

감사합니다.

안녕하십니까? '동행 관세사무소'입니다.
봄의 기운이 완연한 4월입니다.

가수 윤종신의 노래 〈오르막길〉의
'♬~ 한 걸음 이제 한 걸음일 뿐 ~♪'이란 한 소절이 떠오릅니다.

배우 하정우의 책 『걷는 사람, 하정우』에 나오는
'한 발만 떼면 걸어진다.' '힘들다, 걸어야겠다.'라는 문구도 떠오릅니다.

기해년 새해 인사를 드린 후, '동행 관세사무소'는
긍정과 열정의 힘으로 귀사와 함께 힘차게 걸어가고 있습니다.

'동행 관세사무소'는 늘 그래왔듯이 감동으로 보답하겠습니다.

"귀사의 진정한 관세 및 무역 동반자"
'동행 관세사무소'입니다.

감사합니다.

안녕하십니까? '동행 관세사무소'입니다.

곧 '장마철'입니다. 대표적으로 '눅눅함'이 연상됩니다만…

곽재용 감독의 영화 〈클래식〉에서
'너에게 난 나에게 넌' 배경 음악을 등지고
'배우 손예진이 비를 맞으며 캠퍼스를 뛰는 모습'은 어떠하십니까?

가수 이승훈의 노래 〈비오는 거리〉의
'♪~ 비오는 거릴 걸었어 너와 걷던 그 길을 ~♬ '이란 한 소절은 어떠
하십니까?

비오는 날에 여전히 막걸리와 파전이 생각나시는지요?

'동행 관세사무소'는 장마와 무더위가 계속되어도
긍정과 열정의 힘으로 귀사와 함께 힘차게 걸어가겠습니다.
'동행 관세사무소'는 늘 그래왔듯이 감동으로 보답하겠습니다.

"귀사의 진정한 관세 및 무역 동반자"
'동행 관세사무소'입니다.

감사합니다.

안녕하십니까? '동행 관세사무소'입니다.

'동행 관세사무소'는 귀사에 더 좋은 서비스를 제공하기 위하여 2019년 9월 2일부터 아래의 주소에서 업무를 진행합니다.

서울특별시 서초구 효령로 55길 28
브이 샤르망 605-1호 (우)06654

'동행 관세사무소'는 새로운 주소에서 늘 그래왔듯이 긍정과 열정의 힘으로 귀사와 함께 걸어가며 감동으로 보답하겠습니다.

"귀사의 진정한 관세 및 무역 동반자"
'동행 관세사무소'입니다.

감사합니다.

안녕하십니까? '동행 관세사무소'입니다.
가을의 기운이 완연한 9월의 중순입니다.

그동안 보내주신 큰 격려와 아낌없는 성원에 힘입어 최선을 다하고
있는 '동행 관세사무소'입니다.

가을은 독서의 계절입니다. 우리의 옛 추억이 기억의 책장이라면 아래
노래의 한 소절은 기억의 책장을 생각하며 미소 짓게 합니다.

토이의 노래 〈그럴 때마다〉의
'♪~ 반복된 하루 사는 일에 지칠 때면 내게 말해요. 항상 그대의 지쳐
있는 마음에 조그만 위로 돼줄게요 ~♬'란 한 소절을 흥얼거리며 소중
했던 추억들을 잠시 떠올리며 마음의 여유를 가져 보실 것을 권해 드
리고 싶습니다.

'동행 관세사무소'는
긍정과 열정의 힘으로 귀사와 함께 남은 기해년을 힘차게 완주하겠습
니다.

'동행 관세사무소'는 늘 그래왔듯이 감동으로 보답하겠습니다.

"귀사의 진정한 관세 및 무역 동반자"
'동행 관세사무소'입니다.

감사합니다.

안녕하십니까? '동행 관세사무소' 임직원 일동 인사 올립니다.

귀사에서 기해년에 보내주신 성원에 힘입어 '동행 관세사무소'는 더 열심히 뛰고 있습니다. 진심으로 감사드립니다.

어느덧 다사다난했던 기해년이 저물어가고 있습니다.
한 해를 잘 마무리하시고 다가오는 경자년 새해에는 달빛에게 속삭인 소원이 보다 많은 분들에게도 이루어지기를 기원합니다.
소소하지만 확실한 행복을 느끼는 생활이 더 많아지기를 기원합니다.

<table>
<tr><td>

'♯ 당신은 내게 물었죠
얼마나 당신을 사랑하냐고
내가 당신을
얼마나 사랑하는지 ♫'

</td><td>

'♫ 내 마음도 내 사랑도
진실이에요
저 달빛이
내 마음을 말해주네요 ♫'

</td></tr>
</table>

영화 〈첨밀밀〉 OST '月亮代表我的心(월량대표아적심)'의 한 소절입니다.

'동행 관세사무소'는 2020년에도 한결같이 더 큰 감동으로 보답하겠습니다.
2019년 수고 많으셨습니다. 2020년 더 열심히 응원하겠습니다.

"귀사의 진정한 관세 및 무역 동반자"
'동행 관세사무소'입니다.

감사합니다.

안녕하십니까? '동행 관세사무소'입니다.
봄의 기운이 완연한 3월입니다.

모두가 '신종코로나바이러스감염증'으로 어렵고 힘든 시간을 보내고
있습니다.

IMF 시절, 여러 가수가 부른 노래 〈하나되어〉의
'♪~ 우린 해낼 수 있어 다시 일어날 수 있어 그토록 힘들었던 지난 시
련도 우린 하나되어 이겼어 ~♬'란 한 소절이 떠오릅니다.

가수 SES의 노래 〈달리기〉의
'♯~ 단 한 가지 약속은 틀림없이 끝이 있다는 것 끝난 뒤에 지겨울 만
큼 오랫동안 쉴 수 있다는 것 ~♭'이란 한 소절이 떠오릅니다.

경자년 새해 인사를 드린 후, '동행 관세사무소'는
긍정과 열정의 힘으로 귀사와 함께 힘차게 걸어가고 있습니다.

'동행 관세사무소'는 늘 그래왔듯이 감동으로 보답하겠습니다.

"귀사의 진정한 관세 및 무역 동반자"
'동행 관세사무소'입니다.

감사합니다.

안녕하십니까? '동행 관세사무소'입니다.

그립습니다. 너무 그립습니다. 너무 너무 그립습니다.

> 야구장에 가서 맥주 마시며 소리쳐 응원하고 싶습니다.
> 초등학교의 학생들이 뛰며 일으키는 먼지를 보고 싶습니다.
> 지하철 건너편에 앉은 우리 아버지의 얼굴이 보고 싶습니다.
> 노래방에 가서 015B의 '친구와 연인'을 부르며
> 멋진 가수가 되고 싶습니다.
> 영화관에 가서 팝콘 먹으며 '기생충' 영화를 보고 싶습니다.
> 많은 인파가 모인 어느 페스티벌, 한 가운데에 서 있고 싶습니다.
> 마음 편하게 회식을 하며 취하고 싶습니다.

몰랐습니다.
우리의 일상이 이렇게 그리울 줄 몰랐습니다.

알았습니다.
다시 일상이 오면 더욱 사랑하며 살아가야 한다는 것을 알았습니다.

'동행 관세사무소'는 항상 여러분들을 응원합니다.
이 또한 지나갑니다. 반드시 지나갑니다.

"귀사의 진정한 관세 및 무역 동반자"
'동행 관세사무소'입니다.

감사합니다.

안녕하십니까? '동행 관세사무소'입니다.

'동행 관세사무소'는 우연히 유튜브를 통하여 외국 광고를 보았습니다.

아빠는 초등학교 저학년인 딸의 편지를 읽습니다.

아빠는 세상에서 가장 자상해!
아빠는 세상에서 가장 잘생겼어!
똑똑하고 재치 넘쳐! 친절해!
아빠는 나의 슈퍼맨이야!
아빠는 내가 학교생활을 잘하길 바라셔!
아빠는 최고야!

그런데

거짓말을 해.
아빠는 거짓말을 해. 직업이 있다고.
아빠는 거짓말을 해. 돈이 많다고.
아빠는 거짓말을 해. 아빠는 피곤하지 않다고.
아빠는 거짓말을 해. 아빠는 배고프지 않다고.
아빠는 거짓말을 해. 우리는 모든 것을 가졌다고.
아빠는 거짓말을 해. 아빠는 너무 행복하다고.
아빠는 거짓말을 해. **나를 위해서.**

가슴이 먹먹합니다.

'동행 관세사무소'는 늘 그래왔듯이 감동으로 보답하겠습니다.

"귀사의 진정한 관세 및 무역 동반자"
'동행 관세사무소'입니다.

감사합니다.

謹 賀 新 年

안녕하십니까? '동행 관세사무소'입니다.

우리 모두가 경험하지 못한 힘들고 어려운 2020년 경자년이 저물어
가고 있습니다.
2020년! 고생하셨습니다. 수고하셨습니다.

2021년은 '소의 해'입니다. '부(富)', '근면' 그리고 '행운'의 단어가 연
상됩니다.
밝아오는 2021년 신축년 새해 가정의 평안과 행복을 기원합니다.

이적의 노래 〈걱정말아요 그대〉의
'♬~ 그대는 너무 힘든 일이 많았죠. 새로움을 잃어 버렸죠. 지나간 것
은 지나간 대로 그런 의미가 있죠. ~♬ '란 한 소절이 우리를 위로합
니다.

정은지의 노래 〈하늘바라기〉의
'♯~ 가장 큰 하늘이 있잖아. 그대가 내 하늘이잖아. ~♬'란 한 소절이
우리를 사랑합니다.

'동행 관세사무소'는 2021년에도 한결같이 더 큰 감동으로 보답하겠습니다.

"귀사의 진정한 관세 및 무역 동반자"
'동행 관세사무소'입니다.

감사합니다.

안녕하십니까? '동행 관세사무소'입니다.

'책'을 사랑합니다. 읽고 싶은 책이 많다는 것은 기분 좋은 압박입니다.

'우리는 부를 좇는 것보다 가난을 연습함으로써 더 큰 자유를 얻을 수 있다.'
'팀 페리스'의 『타이탄의 도구들』

'심각한 상황에서 중요한 것은 심각해지지 않는 것이다.'
'김이연'의 『집에 다녀오겠습니다』

'쉬기 위해서는 일단 열심히 일해야 한다.'
'김영민'의 『아침에는 죽음을 생각하는 것이 좋다』

'우리는 질병에 걸린 순간 가장 살아 있다고 느끼는 것 같다.'
'크리스천 돈런'의 『완벽한 날들』

'팀의 스타는 바로 팀 그 자체일 뿐이다.'
'존 우든·스티브 제이미슨'의 『88연승의 비밀』

'100만큼 일하고 80만 바라면 120이 들어온다.'
'니시나카 쓰토무'의 『운을 읽는 변호사』

'동행 관세사무소'는 늘 그래왔듯이 감동으로 보답하겠습니다.

"커사의 진정한 관세 및 무역 동반자"
'동행 관세사무소'입니다.

감사합니다.

안녕하십니까? '동행 관세사무소'입니다.

아시아나항공(주)의 광고 일부입니다.

> 모든 여행의 마지막은 제자리로 돌아왔듯이
> 우릴 떠난 여행도 그리고 일상도
> 다시 돌아올 것입니다.

나… 너… 우리…
어려웠습니다. 힘들었습니다.
그래도 잘 견뎠습니다. 그래도 잘 버텼습니다.

우리는 기다리며 준비하였습니다.

민족 최대의 명절, '추석'입니다.
그 자체로 의미가 있는 명절인 '추석'입니다.
즐겁고 유익한 추석 명절 보내십시오.

'동행 관세사무소'는 남은 2021년 더 큰 감동으로 보답하겠습니다.

"귀사의 진정한 관세 및 무역 동반자"
'동행 관세사무소'입니다.

감사합니다.

謹 賀 新 年

안녕하십니까? '동행 관세사무소'입니다.

다시 코로나19에 맞선 1년, 힘들고 어려운 2021년 신축년이 저물어가
고 있습니다.
2021년! 고생하셨습니다. 수고하셨습니다.

또 다시 코로나19에 맞설 1년, 2022년은 '호랑이의 해'입니다.
'용맹', '독립' 그리고 '성취'의 단어가 연상됩니다.
밝아오는 2022년 임인년 새해 가정의 행복과 건강을 기원합니다.
2022년! 우리는 끄떡없이 버틸 것입니다.

'2022 베이징 동계올림픽', '2022 FIFA 월드컵 카타르', '2022 항
저우 아시안게임' 등 대한민국은 다시 뜨거울 것입니다.

'동행 관세사무소'는 2022년에도 늘 그래왔듯이 귀사와 함께 뛰며 더 큰 감동으로 보답하겠습니다.

"귀사의 진정한 관세 및 무역 동반자"
'동행 관세사무소'입니다.

감사합니다.

안녕하십니까? '동행 관세사무소'입니다.

너무 어렵다는 말을 많이 합니다. 너무 힘들다는 말을 많이 합니다.
어느덧 다사다난했던 2022년 임인년이 저물어가고 있습니다.
고생하셨습니다. 수고하셨습니다.

2023년은 '토끼의 해'입니다.
토끼는 '생장', '번창' 그리고 '풍요'의 상징이라고 합니다.
밝아오는 2023년 계묘년 새해 가정의 행복과 건강을 기원합니다.
2023년! 우리는 서로 끄떡없이 버틸 것입니다.

가수 The Ade의 노래 〈응원가〉의
'♬~ 꿈꾸던 세상과는 많이 다른 현실에 많이 실망하고 점점 지쳐가지
만 그래도 언젠가 이루어질 그대의 세상 내가 그대를 항상 응원할게
요 ~#'란 한 소절이 떠오릅니다.

'동행 관세사무소'는 2023년에도 늘 그래왔듯이 귀사와 함께 뛰며 더
큰 감동으로 보답하겠습니다.

"귀사의 진정한 관세 및 무역 동반자"
'동행 관세사무소'입니다.

감사합니다.

謹 賀 新 年

안녕하십니까? '동행 관세사무소'입니다.

어느덧 다사다난했던 2023년 계묘년이 저물어가고 있습니다.
고생하셨습니다. 수고하셨습니다.

밝아오는 2024년 갑진년 새해 가정의 행복과 건강을 기원합니다.

'손영란'의 시 〈별 것 아닌 것을 그리워함〉처럼
소소하지만 확실한 행복을 느끼는 생활이 더 많아지기를 기원합니다.

'동행 관세사무소'는 2024년에도 늘 그래왔듯이 더 큰 감동으로 보답
하겠습니다.

"귀사의 진정한 관세 및 무역 동반자"
'동행 관세사무소'입니다.

감사합니다.

안녕하십니까? '동행 관세사무소'입니다.

고물가·고금리·고환율의 어렵고 힘든 시간을 보내고 있습니다.
우리는 독서를 통해 삶을 지탱합니다.

> '앞으로 오랫동안 기억할 가슴 아픈 날이 기억할 때마다 너무 시리지 않도록, 잠시 그 안의 작은 풍경으로 남는 일이다.'
>
> '최희서'의 『기적일지도 몰라』
>
> '뭔가 새롭고 색다른 걸 찾아야 진부한 삶에서 벗어나 더 흥미롭고, 남과 다른 삶을 살 수 있을 거라는 착각에 빠져 괜한 시도를 하기도 했다.'
>
> '강지영'의 『때로는 간절함조차 아플 때가 있었다』
>
> '글쓰기와 연관된 소품, 행운을 상징하는 기념품, ~ 등 글 쓰는 곳 가까이 두고 볼 때마다 당신의 창작 정신을 버려줄 수 있는 토템을 가져다 놓길 바란다.'
>
> '김호연'의 『김호연의 작업실』
>
> '어떤 상황에서든 책은 주위 환경과의 기분 좋은 단절과 새로운 분위기 속에 빠져드는 경험을 선사합니다.'
>
> '김소영'의 『무뎌진 감정이 말을 걸어올 때』

'일이 너무 많고 바쁜 삶을 살다 일하지 않는 삶을 선택해 갈아탔는데 어쩐지 저는 그 삶이 행복하지 않았습니다.'

'최인아'의 『내가 가진 것을 세상이 원하게 하라』

'그렇게 어린 마음으로 사는 내가 좋다.'

'서진규'의 『다시, 나는 희망의 증거가 되고 싶다』

'대중문화든 본격 문화든 남의 마음에 감동을 주는 사람이 이제는 영웅이 되고 세계를 지배하는 겁니다.'

'이어령'의 『이어령의 강의』

'우리는 힘들수록 실없는 우스갯소리를 하면서 웃으려고 했다.'

'모빌스 그룹'의 『프리워커스』

'동행 관세사무소'는 늘 그래왔듯이 감동으로 보답하겠습니다.

"귀사의 진정한 관세 및 무역 동반자"
'동행 관세사무소'입니다.

감사합니다.

안녕하십니까? '동행 관세사무소'입니다.

평소 많은 도움을 주셔서 감사합니다.

감사한 마음을 담아 보내드립니다.

귀사 곁에서 한결같이 최선을 다하겠습니다.

"귀사의 진정한 관세 및 무역 동반자"
'동행 관세사무소'입니다.

감사합니다.

에필로그

2018년 2월 1일 설립 이후 2025년 현재 개업 8년 차의 동행 관세사무소는 無에서 有를 창조해야만 하는 절박한 심정으로 마케팅 및 영업을 하였습니다. 그리고 야무지게 업무를 진행하였습니다. 남이 아닌 우리가 직접 마케팅 및 영업 그리고 업무를 진행하여 매출액을 만들었습니다. 마이너스 운영이 언젠가부터 플러스 운영으로 전환되었습니다.

어느 날 문득 동행 관세사무소의 구성원이 말을 합니다.
대표님! 신규 아파트 분양 계약을 완료하였습니다.
대표의 입장에서는 최고의 보람이면서 찬사입니다.

어느 날 문득 동행 관세사무소의 구성원이 말을 합니다.
대표님! 드림카로 생각한 자동차 계약을 완료하였습니다.
대표의 입장에서는 최고의 보람이면서 찬사입니다.

그리고 해외 워크숍이 현실이 되었고 상여금이 지급되있습니다.
역시 대표의 입장에서는 최고의 보람이면서 찬사입니다.

저의 첫 번째 저서인 『관세사무소에서 희망을 찾다』에서 현직 관세사의 개업 과정과 영업 방법에 대한 생생한 이야기로 동행 관세사무소의 안을 보여드렸다면, 본서 『관세사무소로 출근합니다』는 개업 8년 차의 관세사무소의 성공 스토리가 아닌 지난 8년간의 사무소 운영 그리고 영업 방법 등에 대한 좌충우돌 이야기인 동행 관세사무소의 안을 한 번 더 보여드렸습니다. 너그럽게 함께해 주셨기를 바랍니다.

여전히 고군분투하는 관세사무소입니다. 보셨듯이 많은 부분을 디지털적 접근보다는 아날로그적 접근으로 사무소 운영 그리고 영업을 하고 있습니다. 갈 길이 멉니다. 또한 고백하자면 본서의 내용들에 대하여 저의 마음이 흔들리는 경우가 적지 않습니다. 마음을 다잡습니다.

분명한 것은 우리는 매일 동행 관세사무소로 출근하여 일하며 멈추면 안 된다는 것을 알고 있습니다. 그러나 가끔 지칠 때가 있습니다.

지칠 때는
육군 〈25사단가〉를 들으며 군사마을인 경기도 파주시 적성면을 방문합니다.
영화 〈리바운드〉 엔딩신을 보며 가수 FUN의 노래 〈We Are Young〉을 듣습니다.
영화 〈머니볼〉을 보며 가수 Lenka의 노래 〈The Show〉를 듣습니다.
영화 〈악마는 프라다를 입는다〉를 보며 가수 Max의 노래 〈Still New York〉을 듣습니다.
가수 D'Sound의 노래 〈Do I Need a Reason〉을 듣습니다.
서울시 메트로 9호선의 급행열차가 아닌 일반열차를 탑승합니다.
우면산을 오릅니다.

그저 걷고자 합니다.

목욕탕을 갑니다.

설악산을 생각합니다.

미국 뉴저지에 있는 마을인 'Madison'과 'Morristown'을 생각
합니다.

서점을 방문하여 책을 구입합니다.

독서를 합니다.

글을 씁니다.

꽃 한 송이를 구매합니다.

강남역 근처 주점에서 밤늦게까지 술을 마십니다.

커피 한 잔의 사치를 부립니다.

프로야구 선수들의 사인볼을 받기 위해서 한없이 기다립니다.

마무리하겠습니다.

호리에 다카후미의 책 『간단한 습관이 끝까지 간다』의 내용
중에 '많은 사람에게 자신의 메시지를 전하고 후세에 남기기
위해서는 더 많은 책을 내어야 한다.'라는 문구가 있습니다. 용
기 내어 또 한 번 더 생각을 글로 전환할 생각입니다. 빠르면

2027년 상반기에 한 권의 책을 더 출판하겠습니다. 책의 가칭은 『의견서 쓰는 관세사입니다』 또는 『스토리가 있는 관세사무소입니다』입니다.

대한민국의 모든 관세사무소로 출근하여 일하고 있는 관세사님들 및 컨설턴트님들을 응원합니다. 우리는 관세사무소로 출근합니다. 미리 2026년 한국관세사회 창립 50주년을 진심으로 축하드립니다.

Special thanks to

중학교 3년 내내 체육부장이 된 것을 스스로 자랑스럽게 생각하고 책가방에 책 대신 야구 글러브 3개와 야구공을 넣고 다니다가 걸려 욕먹어도 해맑게 웃는 아들, 지환아! 그리고 늘 예쁜 말을 하고 자주 감동적인 편지를 써서 눈물을 선사하고 따뜻한 심성을 가진 초등학교 방송부 아나운서가 된 딸, 서영아! 대단하다.

마지막으로 얼마 전, 하늘로 떠나신 아버지에게 이 책을 바칩니다.

서 함께 땀 흘린 모든 선후배 동료와 사원들에게 감사드립니다.

이치삼 전前 사장님, 임민규 전前 대표님, 정경구 대표님께서는 현대산업개발 창립 50주년 인터뷰를 통해 큰 도움을 주셨고, 이만희 포니정재단 사무총장님, 김회언 전前 대표님, 조영환·김영한·최용 대표님, 박희윤·조기훈 본부장님, 정원섭·윤보은 상무님도 책의 완성도를 높이는 데 힘을 보태주셨습니다. 도기탁 대표, 이동훈 팀장에게는 출판 과정 전반에서 자료와 사진을 챙겨준 데에 감사드립니다.

회사 밖에서도 많은 분들의 도움이 있었습니다. 책의 처음부터 끝까지 함께하며 인터뷰와 정리를 맡아준 김지수 작가님, 출판을 응원하고 주관해주신 SECO의 배석두 회장님, 쌤앤파커스의 이원주 대표님, 박인애 편집자님 이하 출판사 관계자 여러분에게도 특별한 감사를 전합니다.

마지막으로 이 책에 거론된 모든 분들과, 비록 이름을 모두 적지 못했지만 현대자동차와 HDC그룹을 통해 인연을 맺었던 모든 분, 그리고 이 글을 끝까지 읽어주신 독자 여러분께 진심으로 감사드립니다.

결정의 순간들

2026년 3월 18일 초판 1쇄 | 2026년 4월 8일 3쇄 발행

지은이 정몽규
펴낸이 이원주

책임편집 박인애 **디자인** 정은예
기획개발실 강소라, 김유경, 류지혜, 고정용, 최연서, 이채은
마케팅실 정주호, 신하은, 현나래, 이홍균, 양봉호, 박미진, 권금숙, 양근모
디자인실 진미나, 윤민지 **디지털콘텐츠팀** 최은정 **해외기획팀** 우정민, 배혜림, 정혜인
경영지원실 강신우, 김현우, 이윤재 **제작실** 이진영
펴낸곳 (주)쌤앤파커스 **출판신고** 2006년 9월 25일 제406-2006-000210호
주소 서울시 마포구 월드컵북로 396 누리꿈스퀘어 비즈니스타워 18층
전화 02-6712-9800 **팩스** 02-6712-9810 **이메일** info@smpk.kr

© 정몽규(저작권자와 맺은 특약에 따라 검인을 생략합니다)
ISBN 979-11-24070-52-9(03190)

쌤앤파커스(Sam&Parkers)는 독자 여러분의 책에 관한 아이디어와 원고 투고를 설레는 마음으로 기다리고 있습니다. 책으로 엮기를 원하는 아이디어가 있으신 분은 이메일 book@smpk.kr로 간단한 개요와 취지, 연락처 등을 보내주세요. 머뭇거리지 말고 문을 두드리세요. 길이 열립니다.